Léon de Poncins

El Judaísmo

y la

Cristiandad

Ⓞmnia Veritas

LÉON DE PONCINS

EL JUDAÍSMO
Y LA
CRISTIANDAD

Versión Española de José M. Aroca

1966

Publicado por OMNIA VERITAS LTD

www.omnia-veritas.com

PRESENTACIÓN 9

PRIMERA PARTE 11

CAPÍTULO PRIMERO 13

ANTECEDENTES HISTÓRICOS DEL VOTO CONCILIAR EN NOVIEMBRE DE 1964 13

Jules Isaac y el Concilio 16

CAPÍTULO II 21

CRITICA DE LOS EVANGELIOS POR JULES ISAAC 21

CAPÍTULO III 29

CRITICA DE LOS PADRES DE LA IGLESIA Y DE LA ENSEÑANZA CRISTIANA POR JULES ISAAC 29

San Juan Crisóstomo 33

San Agustín 35

San Gregario el Grande 37

San Agobardo 41

Estupefacción en Viena 59

Un antiguo jefe de las SS se reúne en la cárcel con el profesor Deutsch 60

Es, quizás, la estafa del siglo 61

SEGUNDA PARTE 63

CAPÍTULO IV 65

Los judíos en el mundo 65

Legislación Israelita 69

La Ley del Retorno y sus ambigüedades 69

El proceso Eichmann 75

CAPÍTULO V 79

¿Torah o Talmud? 79

CAPÍTULO VI 91

El problema de las falsas conversiones 91

CAPÍTULO VII 97

Tentativas históricas de asimilación y su fracaso 97

CAPÍTULO VIII 113

Un estado dentro del estado 113

La judaización del mundo 118

« Gesta naturae per Judeos » 118

CAPÍTULO IX 129

Permanencia y universalidad del antisemitismo 129

Las múltiples formas del antisemitismo *135*

Intolerancia judía e intolerancia antijudía *139*

El Racismo *145*

CAPITULO X 153

SEIS MILLONES DE VÍCTIMAS JUDÍAS Y EL REPARTO DE LAS RESPONSABILIDADES 153

CAPITULO XI 177

2.000 AÑOS DE ANTAGONISMO 177

CONCLUSIÓN 195

CAPÍTULO XII 197

PROBLEMA DE ACTUALIDAD 197

MALESTAR JUDÍO Y MALESTAR CRISTIANO 197

CAPÍTULO XIII 211

EL VOTO DEL 15 DE OCTUBRE DE 1965 SOBRE LA CUESTIÓN JUDÍA Y SUS CONSECUENCIAS 211

Diez por ciento de oponentes *218*

« Ignominia » *221*

Comparación entre el texto de 164 .... *222*

y el texto de 1965 .... *222*

La cuestión del Deicidio 226

La Responsabilidad colectiva del pueblo judío en la muerte de Cristo 228

Antisemitismo y persecuciones 236

La actitud de la Iglesia ante las persecuciones 241

APENDICE 253

UN ESTUDIO DE M. PAUL RASSINIER 255

BIBLIOGRAFÍA E ÍNDICES 275

BIBLIOGRAFÍA DE LAS OBRAS CITADAS EN EL PRESENTE VOLUMEN .. 275

PRESENTACIÓN

Para presentar esta obra del escritor francés Leon de Poncins creemos necesario poner a la consideración del lector las siguientes observaciones.

Primera: A nuestro juicio el valor singular de la obra radica en que el autor, - con una maestría de la que sólo es capaz una persona como el Sr. Poncins, que desde hace más de 30 años se ha especializado en estos temas - se limita a reproducir testimonios ajenos sin apenas comentarlos. Las conclusiones que pueden derivarse de tales testimonios son absolutamente incontrastables.

Segunda: No podemos aceptar, sin embargo, que las alusiones contenidas en el texto referente al problema que se deriva de la convivencia del pueblo judío con el resto de los pueblos del mundo se refieran a. todos los miembros de aquel pueblo. Cuando el autor cita a «los judíos» o «el judío» interpretamos que quiere designar a los miembros más representativos - a los dirigentes del Sionismo mundial, por ejemplo - a la mayor parte de los judíos incluso, pero en absoluto a todos, sin excepción. Otra cosa nos llevaría a sentar un criterio de discriminación radical, naturalmente inaceptable.

Primera Parte

Capítulo Primero

Antecedentes históricos del voto conciliar en noviembre de 1964

El 19 de noviembre de 1964, los obispos y cardenales conciliares reunidos en Roma adoptaron por una enorme mayoría el esquema relativo a la actitud de la Iglesia católica con respecto al Judaísmo.

El 27 de noviembre del mismo año, el periódico *Le Monde* mencionaba las violentas reacciones que aquel voto había provocado en las Iglesias católicas orientales y en los Estados árabes.

El artículo terminaba con un post-scriptum de su corresponsal en Roma, M. Fesquet, el cual está considerado como el portavoz del Padre Congar, jefe del ala progresista católica. Fesquet empezaba recordando que los votos conciliares son secretos, para añadir inmediatamente:

«Noventa y nueve Padres han votado «No». Mil seiscientos cincuenta y uno han votado «Sí», y doscientos cuarenta y dos han votado «Sí» con reservas. Sin embargo, ese voto es provisional, ya que el escrutinio definitivo tendrá lugar en la cuarta sesión del Concilio, en 1965.

«Los obispos orientales han intervenido en su conjunto en el curso de las congregaciones generales para decir que en principio se oponían incluso a una declaración «conciliar» sobre los judíos.»

He aquí un extracto del texto de la declaración sobre los judíos votada por los Padres Conciliares el 20 de noviembre de 1964:

«Dado que el patrimonio espiritual común a los cristianos y a los judíos continúa siendo muy importante, el Concilio quiere estimular y recomendar un conocimiento y una estima mutuos entre ellos, los cuales nacerán especialmente a través de estudios bíblicos y teológicos, así como de los diálogos fraternales. Además, el Concilio, recordando ese patrimonio común, condena severamente las ofensas infligidas por doquier por los hombres. Lamenta y condena el odio y las persecuciones perpetradas contra los judíos, sea en el pasado, sea en la época actual.

«Que todos procuren, pues, no enseñar en las catequesis ni en la predicación de la palabra de Dios nada que pueda hacer nacer en el corazón de los fieles el odio o el desprecio hacia los judíos: que nunca se presente al pueblo judío como una raza condenada o maldita, o culpable de deicidio. Lo que ocurrió en la pasión de Cristo no puede serle imputado a todo el pueblo entonces existente, y mucho menos al pueblo de hoy. Además, la Iglesia ha sostenido siempre y continúa sosteniendo que Cristo se sometió voluntariamente a la pasión y a la muerte a catlsa de los pecados de todos los hombres en virtud de su inmenso amor. Por lo tanto, la Iglesia, en su predicación, debe anunciar la cruz de Cristo como un signo del amor universal de Dios y la fuente de toda gracia.»

A primera vista, esa moción parece estar de acuerdo con la doctrina permanente de la Iglesia, la cual, al tiempo que ha tratado de proteger a la comunidad cristiana contra las influencias judaicas, ha condenado siempre las persecuciones, como reconoce un escritor judío de buena fe, Max I. Dimont:

> « Papas y príncipes de la Edad Media hubieran podido, de haberlo deseado, borrar a los judíos de la faz del mundo, pero no lo quisieron... Cuando, por motivos sociales, económicos o incluso religiosos, la presencia de los judíos se hacía indeseable, se les expulsaba, pero no se les eliminaba. La Iglesia sostiene que todo ser humano posee un alma y que a un hombre no le basta su vida entera para salvar su alma. Sólo cuando la religión hubo perdido toda su influencia sobre el hombre, un pueblo de Occidente pudo planear a sangre fría el exterminio de millones de seres humanos, con el estúpido pretexto de que en la tierra no había lugar para ellos ».[1]

Pero en realidad, la moción votada en Roma puede parecer, por parte de la mayoría de los Padres Conciliares, un olvido o un desconocimiento de lo que constituye la esencia misma del Judaísmo.

En el origen de las reformas propuestas al Concilio en vistas a modificar la actitud y la doctrina seculares de la Iglesia con respecto al Judaísmo y a la Masonería, se encuentran diversas personalidades y organizaciones judías: Jules Isaac, Label Katz, presidente de los Bnai-Brith, Nahum Goldman, presidente del Congreso Mundial Judío.

Esas reformas son muy graves, ya que pueden interpretarse en el sentido de que, después de 2.000 años, la Iglesia se había equivocado, que debe rectificar dignamente y revisar por completo su actitud con respecto a los judíos.

---

[1] Max. I. Dimont: *Les Juifs, Dieu et l'Histoire*, Robert Laffont - París, 1964.

Entre las personalidades judías citadas, hay una que desempeña un papel esencial: el escritor Jules Isaac, judío de Aix-en-Provence, fallecido recientemente a una edad muy avanzada, ex inspector general de Instrucción Pública y autor de los manuales clásicos de Historia Malet e Isaac.

He aquí lo esencial de la tesis que sostenía:

Hay que acabar con el antisemitismo, que ha conducido a la matanza de los judíos europeos en Auschwitz y otros campos de exterminio, en el curso de la Segunda Guerra Mundial.

El antisemitismo más temible, según él, es el antisemitismo cristiano, de base teológica. En efecto, la actitud de los cristianos ante el judaísmo se ha basado siempre en el relato de la Pasión, tal como ha sido contada por los cuatro evangelistas, y en las enseñanzas elaboradas, desde los primeros siglos, por los Padres de la Iglesia: San Juan Crisóstomo, San Ambrosio, San Agustín, el Papa San Gregorio el Grande, San Agobardo, primado de las Galias, etc.

En consecuencia, Jules Isaac ha tratado de minar esa base teológica fundamental, poniendo en duda el valor histórico de los relatos evangélicos y desacreditando los argumentos presentados por los Padres de la Iglesia para defender a los cristianos contra la influencia de los judíos, acusados de alimentar, de un modo permanente, deseos subversivos contra el orden cristiano.

JULES ISAAC Y EL CONCILIO

Veamos ahora en detalle la acción desarrollada por Jules Isaac, lo mismo en el Vaticano que en el seno del Concilio, para hacer prevalecer su tesis.

A raíz de la desaparición de su esposa y de su hija, fallecidas en deportación, Jules Isaac dedicó los últimos veinte años de su vida al estudio crítico de las relaciones entre el Judaísmo y el Cristianismo, y consagró a esa tarea dos importantes libros: «Jesús e Israel», publicado en 1946 y reeditado en 1959, y «Génesis del antisemitismo», aparecido en 1948 y reeditado en 1956.

En esas obras, Jules Isaac censura violentamente la enseñanza cristiana, responsable, según él, del antisemitismo moderno, y preconiza (sería más exacto decir: exige) la «purificación» y la «reforma» de aquella enseñanza dos veces milenaria. Más adelante estudiaremos brevemente esas dos obras; de momento, continuemos con la historia del papel desempeñado por Jules Isaac en la preparación del problema judío en el Concilio.

A partir del final de la guerra, empezó a celebrar reuniones nacionales e internacionales con personalidades católicas filosemitas, favorables a su tesis.

En 1947,[2] a raíz de unas entrevistas judeo-católicas de ese tipo en las cuales aparecen, del lado judío, Edmond Fleg y Samy Lattés, y del lado católico Henri Marrou, el Padre Daniélou y el abate Vieillard, del secretariado del Episcopado, Jules Isaac redactó una memoria de 18 puntos sobre la «Reforma de la enseñanza cristiana acerca de Israel».

El mismo año, fue invitado a la conferencia internacional de Seelisberg, en Suiza, en la cual participaron 70 personas, procedentes de 19 países, entre ellas el Padre Callixte Lopinot, el Padre Démann, el Pastor Freudenberg y el gran rabino Kaplan. La conferencia aprobó en sesión plenaria los «Diez

---

[2] Todos los datos que se citan han sido extraídos de declaraciones personales de M. Jules Isaac.

puntos de Seelisberg», los cuales sugieren a las iglesias cristianas las medidas a adoptar para purificar la enseñanza religiosa .en lo que respecta a los judíos.

Luego, con el gran rabino de Francia y su adjunto Jacob Kaplan, los judíos Edmond Fleg y Léon Algazi y unos amigos católicos tales como Henri Marrou, Jacques Madaule y Jacques Nantet, y otros amigos protestantes: el profesor Lovsky y Jacques Martín, fundó la primera Amistad judeo-cristiana, seguida inmediatamente por la fundación de otras Amistades en·Aix, Marsella, Nimes, Montpellier, Lyon y finalmente Lille, donde obtuvo el patronazgo del cardenal Liénart. Posteriormente; fundó otras en Africa del Norte.

En 1949 entró en contacto, en Roma, con unos miembros del clero que le facilitaron una audiencia privada con Pío XII, ante el cual abogó por la causa del Judaísmo, rogándole que hiciera examinar los «Diez puntos de Seelisberg».

En 1959 pronunció una conferencia en la Sorbona sobre la necesidad de una reforma de la enseñanza cristiana con respecto a los judíos, terminando con una llama miento a la justicia y al amor a la verdad de Juan XXIII. Poco después, se entrevistó con varios prelados de la Curia romana, especialmente con el Cardenal Tisserand, el Cardenal Jullie, el Cardenal Ottaviani y el Cardenal Bea, y el 13 de junio de 1960 fue recibido por el Padre Santo, al cual pidió la condena de la «enseñanza del desprecio», sugiriéndole la creación de una comisión encargada de estudiar ese problema.

Al cabo de unas semanas M. Isaac «tuvo la dicha de saber que sus propuestas habían sido tenidas en cuenta por el Papa y transmitidas al Cardenal Bea para su estudio». El Cardenal Bea creó entonces en el seno del Secretariado para la Unidad de los Cristianos un grupo de trabajo especialmente encargado de examinar las relaciones entre la Iglesia e Israel. En

1964, la cuestión fue sometida al Concilio, para desembocar finalmente en el voto del 20 de noviembre del mismo año.

CAPÍTULO II

CRITICA DE LOS EVANGELIOS POR JULES ISAAC

Examinemos ahora las acusaciones formuladas por Jules Isaac contra los Evangelistas, especialmente por sus relatos de la Pasión, y contra los Padres de la Iglesia, a los cuales hace responsables de lo que él llama «la enseñanza del desprecio» que impregna a toda la mentalidad cristiana.

Al mismo tiempo, Jules Isaac niega fríamente todo valor histórico al relato de los Evangelistas.

«El historiador tiene el derecho y el deber, el deber absoluto, de considerar los relatos de los evangelistas como testimonios de cargo (contra los judíos), con la circunstancia agravante de que son los únicos testimonios y se inclinan todos del mismo lado: no tenemos ni testimonios judíos (válidos) ni testimonios paganos para equilibrar la balanza. El partidismo de los evangelistas se hace más evidente, más acentuado --con la lamentable ausencia de documentación no cristiana-, en la historia de la Pasión...·Sin embargo, salta a la vista que los cuatro tuvieron la misma preocupación: reducir al mínimo las responsabilidades romanas, para agravar tanto más las responsabilidades judías. Desiguales, por añadidura,' en su partidismo: a este respecto, Mateo destaca con mucho, no solamente sobre Marcos y sobre Lucas, sino incluso sobre Juan. El hecho no es sorprendente. Los enemigos más encarnizados son los de la propia sangre: y Mateo es judío, sustancialmente judío, el más judío de los evangelistas; y según una tradición que parece bien fundada, escribió «en Palestina y para los palestinos», para demostrar, apoyándose en el Antiguo Testamento, que Jesús era el Mesías anunciado por las Escrituras (judías)... Pero, ¿sale bien parada la verdad histórica? Cabe dudarlo. No tiene nada de sorprendente que, de los tres Sinópticos, Mateo sea el más parcial, su relato de la Pasión el más tendencioso, y que el más imparcial -o el menos parcial- sea Lucas, el único evangelista que no era judío, el único procedente del Paganismo.»

(Jules Isaac: *Jesús e Israel,* pp. 428-429, Fasquelle, París-1959.)

«Pero no lo olvidemos, humanos o inhumanos, católicos o protestantes, todos de acuerdo en afirmar que allí, ante Pilatos, en aquella hora única, que sonó una vez por todas y cuenta para la humanidad más que cualquier otra hora en el mundo, el pueblo judío en su totalidad cargó sobre él, explícitamente, de un modo expreso, la responsabilidad de la Sangre inocente. Responsabilidad total, responsabilidad nacional. Queda por comprobar hasta qué punto los textos y la realidad que dejan entrever justifican la espantosa gravedad de una afirmación semejante.»

(Jules Isaac: Ob. cit., p. 478.)

«La acusación cristiana formulada contra Israel, la acusación de deicidio, acusación de asesinato asesina en sí misma, es la más grave, la más nociva: es también la más inicua.

«Jesús fue condenado al suplicio de la cruz, suplicio romano, por Poncio Pilatos, procurador romano...»

« Pero los cuatro evangelistas, por un vez de acuerdo, afirman: fueron los judíos los que entregaron a Jesús a los romanos; la irresistible presión de los judíos fue la que obligó a Pilatos, deseoso de exculpar a Jesús, a ordenar su ajusticiamiento. Por lo tanto, a los judíos y no a los romanos, simples ejecutores, incumbe la responsabilidad del Crimen, pesa sobre ellos, con un peso sobrenatural, que les aplasta... »

(Jules Isaac: Ob. cit., p. 567.)

« De momento, impresiona la unanimidad -al menos aparente-de los cuatro evangelistas respecto a lo que constituye el fondo de la discusión: las responsabilidades judías ...

« Los cuatro evangelistas atestiguan sin dudar, con insistencia, unánimemente, que el Romano pronunció la sentencia de muerte bajo la presión de los judíos. Pero su testimonio es un testimonio de cargo, interesado, apasionado, y un testimonio indirecto, tardío, por lo cual resulta imposible - hablando honradamente - aceptarlo sin reservas. »

(Jules Isaac: Ob. cit., p. 478.)

« Mateo (XXVII, 24-25) es el único en saber y en decir que el procurador Pilatos se lavó las manos, solemnemente, al estilo judío, para librarse de la responsabilidad de la sangre inocente que se veía obligado a verter. Es el único, asimismo, en observar que « todo el pueblo » gritó: « Caiga su sangre sobre nosotros y sobre nuestros hijos ». Marcos, Lucas y Juan no saben nada, no dicen nada, ni del famoso lavatorio de manos, ni de la terrible exclamación. »

(Jules Isaac: Ob. cit., p. 481.)

«La sugeridora gradación, observada en la primera fase del proceso, vuelve a encontrarse en ésta. Gradación muy sensible ya de Marco a Mateo (XXVII), según la cual Pilatos se exonera a sí mismo de toda responsabilidad (mediante el lavatorio de manos), y el «pueblo judío», en cambio, la asume como a placer. En Lucas, por tres veces, Pilatos declara inocente a Jesús y manifiesta la intención de soltarle (XXII, 14, 15, 16, 20, 22). Juan llega todavía más lejos; no vacila en prolongar las extrañas idas y venidas del procurador, del interior al exterior del pretorio; después del intermedio de la flagelación, viene la lastimosa exhibición; «Ecce hommo», nuevo diálogo entre Pilatos y «los judíos»; desconcierto de Pilatos, cuando se entera que Jesús se proclama «Hijo de Dios»; nuevo diálogo entre Pilatos y Jesús; nuevo esfuerzo de Pilatos por soltar a Jesús; chantaje de los judíos: «Si le sueltas, no eres amigo del César» (Juan, XIX, 12), al cual acaba por ceder el vacilante procurador: «Entonces se lo entregó para que fuera crucificado» (XIX, 16).

«Un verdadero torneo para ver quién hará más odiosos a los judíos.

«Cuánto podría decirse, cuánto se ha dicho ya situándose en el terreno de la verosimilitud histórica ... Pero es un terreno peligroso, lo sé: lo verdadero «puede a veces no ser verosímil». Sin embargo, y de un modo especial en Mateo y en Juan, el personaje de Poncio Pilatos supera los límites de lo inverosímil: «juez de opereta», según frase de Loisy.

«Inverosímil aquel omnipotente procurador que, en su desconcierto, pregunta a los judíos, sus súbditos, a los sumos sacerdotes, sus vasallos, lo que tiene que hacer con el prisionero Jesús (Marcos, XV, 12; Mateo, XXVII, 22).

«Inverosímil aquel exterminador de judíos y de samaritanos, súbitamente asaltado de escrúpulos ante un judío galileo, sospechoso de agitación mesiánica, llegando incluso a pedir para él la compasión de los judíos: «Pero, ¿qué mal ha hecho?» (Marcos, XV, 14; Mateo, XXVII, 23).

«Inverosímil aquel funcionario romano que, para librarse de responsabilidades -ante el Dios de Israel, sin duda- recurre al simbólico rito judío de lavarse las manos (Mateo, XXVII, 24).

«Inverosímil aquel político astuto que, aquel día, decide tomar partido por un mísero· profeta contra la oligarquía indígena, sobre la cual tiene que apoyarse, de acuerdo con la tradición romana, y en la cual se apoya: gracias a Anás y a Caifás un Pilatos gobierna la Judea.

«Inverosímil aquel representante de Roma, obligado por encima de todo a hacer respetar la majestad romana, que, en honor de algunos judíos devotos, va y viene de su tribunal a la calle donde aquéllos se mantienen apiñados.

«Inverosímil aquel gobernador implacable, dispuesto a ahogar en sangre todo motín o amenaza de motín, que, para complacer a la multitud (judía), consiente en liberar a un notable facineroso, acusado de sedición y de asesinato (¿y por qué la liberación de Barrabás tiene que llevar implícita la crucifixión de Jesús?).

«Inverosímil aquel magistrado que dicta la ley en su provincia y que parece ignorarla al decir a sus interlocutores, los sumos sacerdotes: «Lleváoslo vosotros mismos y crucificadle» (Juan, XIX, 6).

«Inverosímil aquel pagano escéptico, impresionado por la acusación que los judíos formulan contra Jesús -según

Juan, XIX, 7-8-, « de haberse proclamado Hijo de Dios » (en el sentido cristiano, inaccesible buenas a primeras lo mismo para un pagano que para un judío).

« Pero más inverosímil aún, mil veces más inverosímil aquella multitud judía, « todo el pueblo » judío, aquel pueblo patriota y piadoso, súbitamente furioso contra Jesús, hasta el punto de ir a asediar a Pilatos, el odiado romano, para exigirle que el profeta tan admirado la víspera, un hombre del pueblo, uno de los suyos, sea crucificado al estilo romano por unos soldados romanos... »

(Jules Isaac: Ob. cit., pp. 483-484.)

« ¿La famosa escena que opone al lavatorio de manos de Pilatos el grito de « todo el pueblo » judío: « Caiga su sangre sobre nosotros y sobre nuestros hijos »?

« Ya hemos hablado de ella. Pero no lo suficiente, si se piensa en todo el daño que ha producido. « (Jules Isaac: Ob. cit., p. 489.)

« ... Me atengo a la confesión de que el gesto de Pilatos era « absolutamente contrario a los procedimientos de los tribunales romanos ». Es suficiente: tengo derecho a llegar a la conclusión de que lo más verosímil es que el gesto no se efectuara. Toda aquella puesta en escena es digna de los apócrifos, y volvemos a encontrarla, en efecto, en ellos, elevada al absurdo.

« La réplica de los judíos, « Caiga su sangre sobre nosotros y sobre nuestros hijos » resulta menos paradójica por cuanto corresponde a las antiguas tradiciones y formulismos hebraicos. Pero no aparece menos inverosímil, como ya hemos dicho, por su propia atrocidad, por el furor que pretende expresar... »

(Jules Isaac: Ob. cit., pp. 491-492.)

« Nunca se ha hecho tan evidente el carácter tendencioso de un relato, su afán « demostrativo ». Una evidencia que estalla y culmina en esos versículos 24-25, que engendran una convicción en toda mente libre:

« *No, Pilatos no se lavó las manos al estilo judío.*

« *No, Pilatos no proclamó la inocencia de Jesús.*

« *No, la multitud judía no gritó:* « *Caiga su sangre sobre nosotros y sobre nuestros hijos.* »

« Pero, ¿a qué insistir más? La cuestión está resuelta. Lo está para todos los hombres de buena fe. Me atrevería a decir: lo está también ante Dios. »

(Jules Isaac: Ob. cit., p. 493.)

« La responsabilidad global del pueblo judío, de la nación judía, de Israel, en la condena a muerte de Jesús; es, en consecuencia, un hecho de creencia legendaria, sin un sólido fundamento histórico ... »

(Jules Isaac: Ob. cit., pp. 514-515.)

« Para sostener lo contrario, es preciso un partidismo inveterado, furioso, o la ciega sumisión a una tradición que, como todo el mundo sabe, no es « preceptiva » y, por lo tanto, no debería imponerse como norma de pensamiento ni siquiera al más dócil de los hijos de la Iglesia.

«Pero, tradición vivaz, infinitamente nociva, tradición asesina, de la cual ya he dicho y repito ahora que conduce a Auschwitz -a Auschwitz y a otros lugares...

«Alrededor de seis millones de judíos asesinados por el simple hecho de que eran judíos. Para deshonra, no sólo del pueblo alemán, sino de toda la cristiandad. Ya que, sin los siglos de catequesis, de predicación y de vituperación cristianas, la catequesis, la propaganda y la vituperación hitlerianas no hubieran sido posibles.»

(Jules Isaac: Ob. cit., p. 508.)

En resumen, en el relato de la Pasión, corregido y revisado por Jules Isaac, los evangelistas se nos aparecen como unos pertinaces y deliberados falseadores de la verdad, pero el más venenoso es, sin disputa, Mateo:

«Mateo, con mano segura, lanzó la flecha envenenada, inarrancable.»

(Jules Isaac: Ob. cit., p. 483.)

Capítulo III

Critica de los Padres de la Iglesia y de la Enseñanza Cristiana por Jules Isaac

Liquidados adecuadamente los evangelistas, Jules Isaac se dedica a continuación a los Padres de la Iglesia que durante mil quinientos años han codificado la doctrina cristiana respecto al Judaísmo.

« Es muy cierto que en el mundo pagano existió una fuerte corriente de antisemitismo, muy anterior al antisemitismo cristiano;

« es muy cierto que ese antisemitismo desencadenó a veces conflictos sangrientos, matanzas en masa; « es muy cierto que aquel antisemitismo tuvo como causa determinante el exclusivismo, el separatismo de Israel, separatismo de esencia religiosa, dictado por Jehová, ordenado por la Escritura, y sin el cual es evidente que el cristianismo no hubiera podido nacer, ya que gracias a él, a ese separatismo judío, la fe de Jehová, el conocimiento y el culto del Dios único pudieron transmitirse intactos, limpios de toda mácula, de generación en generación, hasta la venida de Cristo.

« Pero el recuerdo de esos hechos históricos, ¿en qué os justifica?

« Porque haya existido un antisemitismo pagano, cuya fuente es en efecto el mandato divino, ¿en qué se encuentra justificado el cristianismo por haber continuado aquella línea de intolerancia (tras haber sido él mismo su víctima durante cierto tiempo), y, más aún, por haber elevado al paroxismo la virulencia, la malignidad, las calumnias y los odios asesinos? »

(Jules Isaac: *Jesús e Israel,* p. 353.)

« Así empezó a -elaborarse, en Ja conciencia cristiana, por así decirlo, el tema del Crimen, de la Indignidad, de la Maldición, del Castigo de Israel, castigo colectivo como el propio Crimen, sin apelación, englobando a perpetuidad al «Israel carnal», al Israel hundido, réprobo, Israel - Judas, Israel - Caín. Tema que se entrelaza pero que no se confunde con otro tema, convertido en tesis doctrinal, la del Pueblo-Testigo. Reservado por Dios, había dicho el judío San Pablo, para la plenitud de la conversión final. Mísero testigo «de su propia iniquidad y de nuestra verdad», dijo San Agustín trescientos cincuenta años más tarde, marcado por Dios al igual que Caín con un signo que le distingue y le señala al mismo tiempo, le señala a la execración del mundo cristiano. »

(Jules Isaac: Ob. cit., p. 359.)

« Contra el Judaísmo y sus fieles, ninguna arma se ha revelado más temible que «la enseñanza del desprecio», forjada principalmente por los Padres de la Iglesia en el siglo IV; y en esa enseñanza, ninguna tesis más nociva que la del «pueblo deicida».La mentalidad cristiana quedó impregnada de ella hasta las profundidades del subconsciente. No reconocerla y subrayarla, es ignorar o enmascarar la fuente principal del antisemitismo cristiano.

"Fuente principal donde los sentimientos populares han podido alimentarse, pero que ellos no han creado, evidentemente. La enseñanza del desprecio es una creación teológica.»

(Jules Isaac: *Génesis del antisemitismo*, p. 327, Calmann-Lévy, París, 1956.)

«Deicida.» ¿En qué momento aparece el infamante epíteto, hallazgo genial, asesina mancha indeleble, engendradora de furores y de crímenes (homicidios, genocidios)? Es imposible saberlo con exactitud. Pero puede discernirse en el agitado oleaje de las polémicas judeo-cristianas, la corriente de la cual ha surgido.»

(Jules Isaac: *Jesús e Israel*, p. 360.)

«En el siglo IV se ha franqueado el paso. Ahora que la Iglesia y el Imperio han unido su destino, terminan todas las contemporizaciones y el tono de la polémica antijudía puede elevarse. Se eleva, en efecto, se hace francamente injurioso ...

«El antisemitismo cristiano que entonces se expande es esencialmente un hecho teológico, incluso podría decirse «eclesiástico», «clerical». Y la base de aquel antisemitismo teológico es la acusación de deicidio.»

(Jules Isaac: Ob. cit., p. 361.)

«Escuchemos en primer lugar, rumor salvaje ascendiendo desde el fondo de los siglos, el rumor de las acusaciones, de las implicaciones cristianas, es decir, las que emanan de aquellos que se llaman cristianos, ya que están en profundo desacuerdo con las palabras de caridad, de misericordia y de amor que son las principales enseñanzas y la gloria de Cristo.

« Todos esos gritos de muerte ..., ¿acaso pueden existir gritos de muerte « cristianos »?

« Y las acusaciones, las imprecaciones judías, incluso anteriores, incluso odiosas, no los justifican.

« Asesino de Jesús, del Cristo-Mesías, asesino del Hombre-Dios, deicida;

« tal es la acusación lanzada contra todo el pueblo judío, sin reservas, sin distinciones de ninguna clase, la ciega violencia de las masas ignorantes uniéndose íntimamente con la fría ciencia de los teólogos.

« Acusación capital, a la cual va unido el tema del castigo capital, de la terrible maldición que pesa sobre los hombros de Israel, explicando (y justificando de antemano) su miserable destino, las peores violencias cometidas contra él, la sangre que mana de sus llagas reabiertas incesantemente.

« De modo que, en virtud de un ingenioso mecanismo -alternativo- de sentencias doctrinales y de furores populares, se atribuye a la voluntad de Dios lo que, visto desde la esfera terrestre, no es más que el producto de la incurable vileza humana, de aquella perversidad, distinta pero sabiamente explotada de siglo en siglo, de generación en generación, que culmina en Auschwitz, en las cámaras de gas y en los hornos crematorios de la Alemania nazi. »

(Jules Isaac: Ob. cit., pp. 351-352.)

« *Hay que reconocerlo con tristeza: casi todos los Padres de la Iglesia han participado, con su piedra, a esa empresa de lapidación moral* (no sin consecuencias materiales): lo mismo San Hilario de Poitiers que San Jerónimo, lo mismo San

Efrain que San Gregorio de Nisa, y San Ambrosio, y San Epifanio -judío de nacimiento-, y San Cirilo de Jerusalén... Pero en esa ilustre cohorte, venerable por otros muchos conceptos, dos nombres tienen derecho a una mención especial: el gran orador griego San Juan Crisóstomo, por la abundancia y la truculencia de las invectivas, por el desbordamiento de las injurias; y el gran doctor de la latinidad cristiana, San Agustín, por su maravilloso (y peligroso) ingenio en la elaboración de una doctrina coherente.»

(Jules Isaac: *Génesis del antisemitismo*, p. 161.)

Después de esa visión de conjunto de los Padres de la Iglesia, pasemos ahora a los casos particulares, citando algunos párrafos del estudio que Jules Isaac ha dedicado a los grandes Doctores: San Juan Crisóstomo, San Agustín, San Gregorio el Grande, San Agobardo.

SAN JUAN CRISÓSTOMO

En el año 386, San Juan Crisóstomo empezó a predicar en Antioquía, donde existía una importante comunidad judía. Inició su predicación con ocho homilías contra los judíos, cuyo tono «es a menudo de una violencia inusitada».

«En Crisóstomo se encuentran reunidas todas las· acusaciones, todas las injurias. En él aparecen sublimadas, con una violencia y a veces una grosería inigualadas, aquella fusión de elementos extraídos de la vena antisemita popular y de reproches específicamente teológicos, aquella utilización de textos bíblicos que son el sello propio del antisemitismo cristiano.»

(Jules Isaac: Ob. cit., p. 256.)

«Digámoslo sin ambages: cualquiera que haya sido el objetivo propuesto, esa desmesura en el ultraje y la calumnia es algo repulsivo, por parte de un orador sagrado.

«Semejantes semilla de desprecio y de odio germinan siempre. Buena tarea, hermosas cosechas! Más allá de los santos retóricos del siglo IV, santamente aplicados a arrastrar a sus adversarios por el lodo, veo perfilarse en los siglos a venir la innumerable legión de los teólogos, de los predicadores cristianos, de los pedagogos, de los escritores, atareados en insistir en los temas impresionantes del judío carnal, del judío lúbrico, del judío procaz, del judío demoníaco, del judío maldito, del judío asesino de profetas, asesino de Cristo, deicida, y concienzudamente aplicados, también, a hacer penetrar en las mentes receptivas aquellas ideas perniciosas, criminales y falsas; asimismo dispuestos, consecuencia lógica, a admitir con Crisóstomo que sí el odioso judío ha sufrido el exilio, la dispersión, la esclavitud, la miseria y la vergüenza, no ha sido más que un acto de justicia (justicia de Dios): ha pagado sus culpas. Imágenes retóricas, sí; pero hay que comprender adónde conducen las imágenes retóricas proferidas por una «boca de oro», y repetidas a coro a través de los siglos por miríadas de discípulos; las imágenes retóricas han adquirido consistencia vital, virulenta; se han incrustado en millones de almas. ¿Quién, pues, osará creer que el alma cristiana se ha librado hoy de ellas? ¿Quién puede decir si llegará nunca a librarse de ellas? Y después de los predicadores cristianos ved llegar a los odiosos libelistas, a los Streicher nazis.»

(Jules Isaac: *Génesis del antisemitismo*, pp. 162-164-165-166.)

San Agustín

San Agustín

Menos violento que el orador griego, escribe Jules Isaac,

« no es menos apasionadamente hostil al judaísmo y a los judíos, ni demuestra menor preocupación por luchar contra su persistente influencia, por librar de ella a sus fieles, abasteciéndoles de argumentos válidos para sus controversias con aquellos obstinados, aquellos réprobos. El método es el mismo, los puntos de vista y la interpretación de las Escrituras es semejante: mucho antes de la venida del Salvador, el judaísmo se había ido corrompiendo, desecándose, marchitándose; después de la revelación de Cristo, no tiene más inspirador que Satán; los que antaño fueron hijos privilegiados de Dios, se han convertido en hijos del diablo.» •

(Jules Isaac: Ob. cit., p. 166.)

« En esa enseñanza apasionada que ha atravesado los siglos y que en nuestros días se atreve aún a levantar la voz, no hay más respeto hacia la verdad de la Escritura que hacia la verdad histórica. De la Dispersión, lo mismo que de la lamentable Crucifixión, se hace un arma cruelmente afilada para martirizar mejor al viejo Israel. ..»

(Jules Isaac: Ob. cit., p. 167.)

« Todavía no he dicho lo esencial, la aportación doctrinal propia de San Agustín, de su mente sutil, la elaboración de una tesis ingeniosa, oportuna, y por lo mismo destinada al mayor de los éxitos (teológicos): la doctrina del pueblo-testigo ...

« Si los judíos que se negaron a creer en Cristo subsisten, se debe a que es necesario que subsistan, se debe a que Dios lo ha querido así en su sabiduría sobrenatural; subsisten para dar testimonio, y para dar testimonio de la verdad cristiana, son testigos a la vez por sus libros sagrados y por su Dispersión. »

(Jules Isaac: Ob. cit., p. 168.)

« Maravilloso hallazgo de un genio inventivo y sutil: la sorprendente supervivencia del pueblo judío sólo tiene una razón de ser, atestiguar la antigüedad de la tradición bíblica, la autenticidad de los textos sagrados sobre los cuales se apoya la fe cristiana; ellos mismos, los judíos ciegos (y « carnales ») no comprenden el verdadero sentido de sus Santas Escrituras, pero las conservan piadosamente, reverentemente, para uso de la Iglesia de la cual no son más que, a lo sumo, los esclavos « portalibros » andando detrás del amo. E incluso la Dispersión, sin perder su significado -ya tradicional, con absoluto desdén de las realidades históricas- de castigo querido por Dios como pena impuesta por la crucifixión de Cristo, presta también testimonio y responde al designio providencial, ya que demuera en todas partes que los judíos subsisten « para la salvación de las naciones y no para la suya propia », sirviendo así para la difusión de la fe cristiana que los judíos se obstinan en negar. »

« Tal es, a grandes rasgos, la tesis sostenida por San Agustín. »

(Jules Isaac: Ob. cit., pp. 168-169.)

« Existe un corolario de esas proposiciones agustinianas, un corolario temible por sus consecuencias prácticas. El testimonio que prestan los judíos (a favor de la verdad cristiana) con su supervivencia y su Dispersión, deben prestarlo también mediante su visible desgracia. La eficacia de su testimonio tendrá como medida la dureza de la suerte que les está reservada...

«La enseñanza del desprecio conduce al sistema de envilecimiento, el cual es una justificación necesaria.

«Ahora vemos también la diferencia radical que separa al sistema cristiano de envilecimiento de su moderno imitador, el sistema nazi: éste no ha sido más que una etapa, una breve etapa, precursora de la exterminación en masa; aquél, por el contrario, implica la supervivencia, pero una supervivencia vergonzosa, en el desprecio y el infortunio; por lo tanto, está destinado a atormentar lentamente a millones de víctimas inocentes.»

(Jules Isaac: Ob. cit., pp. 166-167-168-171-172.)

Todo lo que es exagerado carece de valor, se siente la tentación de decir después de haber leído tan impúdicas calumnias contra la enseñanza de la Iglesia. Contestaremos a ellas unas páginas más adelante.

SAN GREGARIO EL GRANDE

«Consideremos en primer lugar la enseñanza doctrinal de la Iglesia en aquel período de la alta Edad Media. Su expresión más perfecta es la obra maestra de San Gregorio el Grande, que se sitúa casi a medio camino entre San Agustín y San Agobardo, a finales del siglo VI. De entre los Padres de la Iglesia, ninguna obra ha tenido más resonancia y más audiencia en la cristiandad, especialmente en la catolicidad de Occidente. Ningún ejemplo puede ser más demostrativo, puesto que sabemos, por haberlo visto actuar como jefe de Iglesia y jefe de Estado, que aquel gran Papa, lejos de ser un fanático, estaba adornado de cualidades insignes: generosidad de corazón, elevación moral, equidad, humanidad ...

« Gregorio el Grande no definió nunca sistemáticamente su posición doctrinal con respecto al Judaísmo, lo que explica, sin duda, la divergencia de las apreciaciones acerca de él; hay que recogerla de los trazos dispersos a través de sus escritos, principalmente de sus Epístolas Morales y Homilías. Un teólogo católico, V. Tiollier, que le ha dedicado un estudio especial y concienzudo, la resume en los siguientes términos, los cuales, después de haber examinado los textos aludidos, pueden considerarse como aceptables: « Ha contemplado la historia de aquel pueblo como la de una enorme culpa, largamente preparada, fríamente cometida, rigurosamente castigada, pero que algún día borrará la misericordia divina.» Por haber mostrado hacia Dios « la más negra de las ingratitudes », « el pueblo elegido se ha convertido en el pueblo maldito ... no despertará de su funesto sueño hasta los últimos días del mundo».

« Gregorio el Grande no podía hacer más que seguir la tradición existente, sólidamente establecida por los Padres del siglo IV. Digamos en favor suyo que nunca perdió de vista los orígenes judíos de la Iglesia primitiva, ni la visión paulina de la reconciliación final, que él (no San Pablo) sitúa en los últimos días del mundo; que no se complació en la injusta y criminal acusación de « deicida »; que a pesar de subrayar la culpabilidad primordial de los judíos en la Pasión, no omitió nunca del todo la parte de culpabilidad del procurador Pilatos y de los romanos; e incluso que formuló ya la idea cristiana por excelencia - la que debería dominar la mente y el corazón de todos los creyentes en Cristo y que enseña el catecismo del Concilio de Trento -, es decir, la responsabilidad universal de la humanidad pecadora; y, finalmente, que en los escritos gregorianos la polémica antijudía no degenera nunca en violencias ultrajantes, como en San Juan Crisóstomo.»

« Por ello resulta más sorprendente el frío rigor con que aquel gran Papa, aquel espíritu noble, habla del judaísmo y del pueblo judío, y reanuda por su cuenta la mayoría de los temas ya tradicionales, sin comprobar sus fundamentos ...

« Ebrios de orgullo - escribe el gran Papa -, los judíos han dedicado todas sus energías a cerrar su inteligencia a la palabra de los enviados de Dios.» « Al perder la humildad, han perdido la inteligencia de la verdad.» Tema del pueblo carnal, en íntima relación con el tema precedente (del judaísmo degenerado a la venida de Cristo).

« A ejemplo del cuarto evangelista, Gregario hace un incesante abuso del término « los judíos » para designar al clan de los adversarios de Jesús, lo cual conduce a entregar a todo el pueblo judío al desprecio y al odio de los fieles: « Los judíos han entregado al Señor y le han acusado... »

(Jules Isaac: Ob. cit., pp. 289-290.)

« Los mejores ejemplos no han podido conducir a esa nación grosera a servir a Dios por amor y no por temor... No ha sido fiel más que a la letra de los preceptos divinos... Ha buscado en las palabras divinas, no un medio de santificación, sino un motivo de orgullo. »

« Para elevarse a Dios, Israel tenía las alas de la Ley, pero su corazón, arrastrándose por los bajos fondos, no supo nunca despegarse de la tierra.» « El pueblo infiel sólo comprendió carnalmente la encarnación de Dios, no ha querido ver en Él más que un hombre... Así, la esposa abandonada a sus sentidos carnales, ha desconocido el misterio de la Encarnación.»

(San Gregorio .el Grande: citado por Jules Isaac: Ob. cit., pp. 289-290.)

Jules Isaac continúa:

«Infinitamente peligroso ese tema del pueblo «carnal», ya que conduce por una progresión fatal al del pueblo de «la Bestia», del «Anticristo» y del «demonio», animado de un odio perverso y diabólico contra Dios y sus defensores.»

(Jules Isaac: Ob. cit., p. 290.)

«Porque los corazones de los judíos están vacíos de fe -dice San Gregorio-, se encuentran sometidos al diablo.» «La Sinagoga no se ha limitado a ser refractaria a la fe, sino que la ha combatido con la espada, y ha levantado contra ella los horrores de una persecución sin piedad.» «¿No es más exacto decir que la Bestia ha hecho su guarida de los corazones de los judíos perseguidores?» «Cuanto más llene el mundo el Espíritu Santo, más encadenará el odio perverso las almas judías.» «Su ceguera ha ido hasta la crueldad, y su crueldad les ha empujado a la persecución implacable.»

(San Gregorio el Grande, citado por Jules Isaac: Ob. cit., p. 290.)

«Tales son las enseñanzas del gran Papa; de un carácter puramente doctrinal a sus ojos, y conciliables, en la práctica, con los deberes de humanidad, de caridad cristiana, de respeto a la legalidad. A sus ojos, pero no necesariamente a los ojos de los demás. Lo que las mentes y los corazones mediocres, en mayoría siempre y en todas partes, retendrían de semejante enseñanza, sería la huella infamante estampada en la frente del pueblo judío, sus crímenes, su maldición., su satánica perversidad. No se necesitaba más, en aquella época -en cualquier época-, para desencadenar el salvajismo de la Bestia.»

(Jules Isaac: Ob. cit., p. 291.)

SAN AGOBARDO

« Primer punto a señalar: el antijudaísmo de Agobardo, como el de los Padres de la Iglesia, es esencialmente eclesiástico, teológico; no se basa en absoluto en lo que M. Simon llama la vena antisemita popular.»

(Jules Isaac: Ob. cit., p. 274).

Hallándose en conflicto con los judíos, Agobardo apeló directamente al Emperador, por medio de dos cartas: *De insolentia judeorum* (Sobre la insolencia de los judíos) y *De judaïcis superstitionibus* (Sobre las supersticiones judaicas).

« En la primera *(De insolentia judeorum)*, Agobardo empieza por justificar su actitud y las medidas antijudías que ha adoptado. Le resulta fácil afirmar que, al denunciar la perfidia judaica, no ha hecho más que acomodarse a los preceptos enseñados por los Padres, a las normas establecidas por la Iglesia. Esos preceptos y esas reglas, asegura, concilian la razón y la caridad: « Puesto que los judíos viven entre nosotros y no debemos usar de malignidad con ellos ni causar perjuicio a su vida, a su salud ni a su fortuna, observamos la moderación prescrita por la Iglesia, conduciéndonos con ellos con prudencia y, al mismo tiempo, con humanidad.»

(Jules Isaac: Ob. cit., p. 278.)

En resumen, no les persigamos, pero mantengámoslos aparte.

« Todo su esfuerzo tiende a demostrar, apoyándose en los Padres de la Iglesia - principalmente en San Ambrosio -, en las decisiones de los concilios y en la Escritura, que los judíos deben ser mantenidos rigurosamente aparte, como seres peligrosos para los cristianos. Anticristos, hijos del diablo, « esos judíos impíos y enemigos del Hijo de Dios se separan ellos mismos de la verdadera mansión de David que es la Iglesia »; « todas las amenazas y maldiciones divinas han sido confirmadas en lo que respecta a la sinagoga de Satán ». No hay nada nuevo en todo eso; Agobardo no hace más que repetir las fórmulas habituales, rituales podríamos decir, de la enseñanza del desprecio: los judíos proscritos de la sociedad cristiana es una de las piezas maestras del sistema de envilecimiento.»

« En la superstición, dice Agobardo, los judíos unen la blasfemia y la calumnia; cita como ejemplo los relatos injuriosos de los judíos sobre la vida de Jesús. Se sabe, en efecto, que a partir del siglo II se había creado a ese respecto una deleznable tradición judía, posteriormente fijada por escrito en los *Sepher Toledot Ieschu;* la versión conocida por Agobardo es muy semejante, si no absolutamente idéntica. Aquellas fábulas, bajamente calumniosas, son indefendibles, lo mismo que las injurias multiplicadas de ciertos oradores cristianos a propósito de la sinagoga y de la fe judía. El propio Agobardo no insiste en ellas. »

(Jules Isaac: Ob. cit., p. 280.)

«Todo contacto entre judíos y cristianos debe ser prohibido como un peligro y una indignidad.» «Es indigno e impropio para nuestra fe que los hijos de la Luz sean cubiertos de sombra por la sociedad de las tinieblas.»

(Jules Isaac: Ob. cit., p. 281.)

Jules Isaac concluye diciendo:

«No basta, para justificar la actitud de Agobardo, con invocar los abusos que por su parte hayan podido cometer los judíos o determinados judíos; no está de acuerdo ni con la «razón», ni con la «sabiduría», ni con la «caridad cristiana» tratarles a todos como parias, denunciarles públicamente como enemigos de Dios, calificar a sus sinagogas de templos de Satán y a ellos mismos de pueblo maldito hasta las entrañas, cuyo contacto debe ser evitado como el peor baldón.»

«Por mi parte, no me cansaré de repetir adónde conduce semejante enseñanza, lanzada a voleo a través de la multitud de los fieles ignorantes y crédulos: no solamente a esas «injustas violencias» que se finge reprochar -de labios para afuera-, sino a las más odiosas secuelas, a los delitos de homicidio, de genocidio, a los asesinatos en masa, a los monstruosos «pogroms». Es demasiado simple creer o dejar creer que las peores violencias verbales son inofensivas; como si no pudieran conducir a las peores violencias de hecho. De la boca que injuria o del brazo que golpea, ¿cuál es el más culpable? Atribuyamos, pues, a «San Agobardo», a pesar de los apologistas, su parte y su carga de responsabilidades.»

(Jules Isaac: Ob. cit., pp. 284-285.)

De modo que, según Jules Isaac:

Los evangelistas eran unos embusteros, San Juan Crisóstomo un vulgar libelista, San Agustín un falsario de inteligencia sutil, el Papa San Gregorio el Grande el inventor de ese « tema temible »: el « pueblo carnal », que ha desencadenado contra los judíos a lo largo de la historia « el salvajismo de la Bestia », San Agobardo, célebre Primado de las Galias, un sembrador « a voleo a través de la multitud de los fieles de una enseñanza que conduce a las más odiosas secuelas, a los delitos de genocidio, a los asesinatos en masa, a los monstruosos « pogroms ».

Todos ellos unos perseguidores, animados de un odio antijudío, verdaderos precursores de los Streicher y compañía, responsables morales de ese lugar maldito, « Auschwitz », y de los « seis millones de víctimas judías inocentes ».

Así, sin tratar de analizar los motivos por los cuales esos grandes doctores, de formación y de origen distintos, judíos, griegos o latinos y elevados por la Iglesia a sus altares, formularon, con tanta unanimidad, unas acusaciones tan graves y severas contra los Judíos, Jules Isaac corta, afirma y condena.

Jules Isaac pide -mejor dicho, exige- del Concilio: La condena y la supresión de toda discriminación racial, religiosa o nacional con respecto a los judíos.

La modificación o la supresión de las preces litúrgicas relativas a los judíos, en especial las del Viernes Santo.

La afirmación de que los judíos no son únicos responsables de la muerte de Cristo, cuya culpa recae sobre la humanidad entera.

La revisión o la anulación de los pasajes evangélicos que relatan el episodio crucial de la Pasión, especialmente el de San Mateo, al cual Jules Isaac trata fríamente de embustero y de falsario.

La confesión de que la Iglesia lleva las de perder en ese estado de guerra latente que persiste después de dos mil años entre los judíos, los cristianos y el resto del mundo.

La promesa de que la Iglesia modificará definitivamente su actitud en un sentido de humildad, de contrición y de perdón con respecto a los judíos, y que realizará todos los esfuerzos necesarios para reparar el daño que les ha causado, rectificando y purificando su enseñanza tradicional, de acuerdo con las directrices de M. Jules Isaac.

A pesar de la insolencia de su ultimátum, y a pesar de su virulenta requisitoria contra los evangelios y contra la enseñanza permanente de la Iglesia que tiene su base en las propias palabras de Cristo, Jules Isaac ha encontrado en los prelados modernos, e incluso en Roma, poderosos apoyos, empezando por los numerosos adeptos de la Amistad judeo-cristiana.

En su número del 23 de enero de 1965, el semanario *Terre de Provence,* publicado en Aix, informaba acerca de una conferencia pronunciada por Monseñor de Proverichéres, obispo de Aix en el local de la « Amistad judeocristiana », con ocasión de la inauguración de la avenida Jules Isaac que había tenido lugar aquella misma mañana.

Citamos el comienzo del artículo:

« Una numerosa multitud se apiñó en el anfiteatro Zironski para oír la conferencia que debía pronunciar Monseñor de Provenchères, dentro del marco de la Amistad judeo-cristiana, sobre el tema: « Decreto conciliar sobre las relaciones de los católicos con los no-católicos. «

« En primer lugar, el deán M. Palanque nos recordó la emocionante ceremonia que había tenido lugar aquella misma mañana en presencia del alcalde M. Mouret, de M. Schoursky y de M. Armand Lunel, presidente de los Amigos de Jules Isaac, en la Montée Saint-Eutrope. Añadió que en la conferencia a propósito del esquema conciliar de la tercera sesión del Vaticano II iba a evocarse la figura de Jules Isaac. Monseñor de Provencheres podía dar una documentación de primera mano, ya que había tomado parte en el Concilio. Finalmente, tras expresarle el agradecimiento de todos por su gesto, le cedió la palabra.

« Monseñor de Provencheres nos dijo hasta qué punto le complacía poder prestar su testimonio en aquel día de homenaje, ya que las tareas conciliares le habían proporcionado una gran alegría.

« *Hablando de Jules Isaac, dijo que desde el primer encuentro, en 1945, experimentó una profunda estimación hacia él, estimación respetuosa matizad a muy pronto de afecto. El esquema conciliar parece ser la ratificación solemne de lo que fue su conversación. El origen del esquema se encuentra en una petición de Jules Isaac al Vaticano, estudiada por más de dos mil obispos.* La iniciativa de aquel acontecimiento fue tomada por un seglar, y un seglar judío. Monseñor de Provencheres señaló que a menudo los grandes actos históricos empiezan por unos hechos que más tarde quedan consagrados; así... el encuentro de Jules Isaac y Juan XXIII habrá sido el símbolo de la amistad judea-cristiana.

« *Monseñor de Provenchères detalló a continuación el papel desempeñado por Jules Isaac, en Roma, en la preparación del Concilio.* Finalmente, el deán M. Palanque, al dar las gracias a Monseñor de Provencheres, puso de relieve el papel que el obispo de Aix había desempeñado en la buena marcha de aquel esquema.

(*Terre de Provence*, 23-1-1965.)

Y puesto que nos encontramos en el capítulo de la Amistad judeo-cristiana, resultará muy instructivo comprobar con qué altiva y desdeñosa ironía habla de ella Josué Jéhouda, el cual es uno de los jefes espirituales del Judaísmo contemporáneo.

«La expresión corriente «judeo-cristiana», si bien designa el origen judío del cristianismo, ha falseado el curso mismo de la historia universal por la confusión que provoca en las mentes. Al abolir las distinciones fundamentales entre el mesianismo judío y el mesianismo cristiano, *engloba a dos ideas que se oponen radicalmente*. Al cargar el acento exclusivamente sobre « cristiano », en detrimento de « judeo », escamotea el mesianismo monoteísta que es una disciplina válida en todos los planos del pensamiento y lo reduce a un mesianismo únicamente confesional, preocupado como el mesianismo cristiano de la salvación individual del alma. *La expresión «judeocristiano», si bien significa un origen común, es sin duda la idea más fatal que cabe imaginar. Se apoya en una* « Contradictio in adjecto », *y ha falseado el curso mismo de la historia. Engloba en un mismo soplo dos ideas completamente inconciliables, quiere demostrar que no existe diferencia entre el día y la noche, o el calor y el frío, o el negro y el blanco, provocando una confusión fatal, sobre la cual, no obstante, se trata de edificar una civilización*. El cristianismo ofrece al mundo un mesianismo restringido, el cual quiere imponer como único mesianismo válido... Incluso Spinoza, el filósofo más alejado del monoteísmo histórico de Israel, escribe: « En cuanto a lo que dicen ciertas Iglesias, que Dios ha adoptado la naturaleza humana, confieso que su lenguaje me parece tan absurdo como el de quien afirmara que un círculo ha adoptado la naturaleza de un cuadrado. »

« El exclusivismo dogmático que profesa la cristiandad debe terminar por fin... Lo que propaga el antisemitismo es la obstinación cristiana en pretender ser el único heredero de Israel. Ese escándalo debe acabar, tarde o temprano; cuanto antes termine, antes desaparecerá el clima de falsedades en que se envuelve el antisemitismo. «

(Josué Jéhouda: *El antisemitismo, espejo del mundo,* pp. 135-136, Editions Synthesis, Ginebra, 1958.)

Esto nos parece muy claro; pero prosigamos:

« El cristianismo reposa sobre una fe derivada de un mito relacionado con la historia judía, y no sobre su tradición concreta transmitida por la Ley escrita y oral, como sucede con Israel. »

(Josué Jéhouda: Ob. cit., p. 132.)

« Sin embargo, la cristiandad pretende aportar al mundo el « verdadero » mesianismo. Trata de convertir a todos los paganos, incluidos los judíos. Pero, mientras persista el mesianismo monoteísta de Israel, incluso en un estado virtual, el *mesianismo cristiano aparecerá como lo que en realidad es: una imitación que se derrumba a la luz del auténtico mesianismo.* »

(Josué Jéhouda: Ob. cit., p. 155.)

Los cristianos, pues, parecen demostrar un evidente candor al precipitarse con entusiasmo en la trampa de la Amistad judeo-cristiana, y mucho es de temer que en ese asunto sean, una vez más, víctimas inconscientes de la doblez talmúdica.

Tras esa necesaria digresión acerca de la amistad judeo-cristiana, obra maestra de Jules Isaac, cálidamente apoyada por los cardenales Feltin, Gerlier y Liénart, volvamos al corazón del tema, el papel de Jules Isaac y de las organizaciones judías en el voto conciliar.

Hemos reproducido largos extractos de los textos de Jules Isaac, ya que es el teórico y el portavoz de la campaña judía contra la enseñanza cristiana, pero Jules Isaac no ha actuado aisladamente. Le han apoyado poderosas organizaciones tales como los B'nai y el Congreso Mundial Judío.

El periódico *Le Monde*, en fecha 19-XI-1963, publicó el siguiente artículo:

«La organización judía internacional B'nai B'rith ha expresado el deseo de establecer unas relaciones más estrechas con la Iglesia Católica. El objetivo propuesto es el de someter al Concilio una declaración afirmando la responsabilidad de toda la humanidad en la muerte de Cristo.

«Si esa declaración es aceptada por el Concilio, ha declarado M. Label Katz, presidente del Consejo Internacional del B'nai B'rith, las «comunidades judías buscarán los medios de cooperar con las autoridades de la Iglesia (católica) para asegurar la realización de su espíritu y de sus propósitos».

«La declaración ha sido aprobada por el Comité Ejecutivo del Consejo Internacional, organismo de coordinación para los cuatrocientos setenta y cinco mil miembros de la organización B'nai B'rith en cuarenta y dos países.

«M. Paul Jacob, de Mulhouse, presidente del B'nai B'rith en Europa, ha afirmado que la aprobación de aquella declaración asestaría un golpe mortal a la base del antisemitismo en numerosos países europeos.

« Por su parte, el rabino Maurice Eisendrath, presidente de la Unión de Congregaciones judías americanas, dirigió el pasado sábado, en Chicago, un llamamiento a los cuatro mil participantes de la 47ª asamblea general de la *American Reform Judaism*, para que revisaran su criterio sobre la Cristiandad, así como sus erróneos puntos de vista acerca de Cristo. »

Personalidades importantes, maestros del pensamiento judío contemporáneo, tales como Josué Jéhouda en su libro *El antisemitismo, espejo del mundo*, han ofrecido argumentos similares sobre la necesidad de reformar y de purificar la enseñanza cristiana:

« El Cristianismo se niega obstinadamente a considerar a Israel como a su igual en el terreno espiritual...

« Creer que el Cristianismo ofrece « la plenitud » del judaísmo, que constituye su punto culminante, que el judaísmo ha sido perfeccionado por el Cristianismo, es viciar en su misma base el monoteísmo universal, es minar los mismos cimientos del Cristianismo, es exponer al Cristianismo a crisis sucesivas. Para que el Cristianismo supere su actual crisis, hay que elevar su espíritu al nivel del monoteísmo auténtico. *Se acerca la hora en que se hará necesario llevar a cabo el indispensable saneamiento de la conciencia cristiana por medio de la doctrina del monoteísmo universal.* »

(Pp. 10 y 11.)

« Es evidente que el antisemitismo constituye la enfermedad crónica de la cristiandad. Hay que estudiarlo en función de la crisis de la civilización cristiana, y no en función de las cualidades o de los defectos de los judíos, los cuales no son en ningún modo causas determinantes. » (P. 14.)

«En el terreno del antisemitismo, la causa esencialmente determinante es la actitud de los cristianos. Los judíos no son más que las víctimas inocentes.» (P. 13.)

«En el transcurso de los siglos, la cristiandad ha contraído una deuda de honor hacia Israel. Esa deuda de honor, ¿ha llegado a su plazo de vencimiento? Esta es la pregunta que plantea explícitamente este libro. De la respuesta afirmativa o negativa a esa pregunta depende la evolución espiritual de la cristiandad y, en definitiva, la paz entre los pueblos.» (P. 15.).

Josué Jéhouda, Jules Isaac, el B'nai B'rith, el Congreso Mundial Judío: se trata; pues, de una campaña premeditada, cuidadosamente elaborada desde hace años por el Judaísmo mundial, y que ha desembocado en el reciente voto del Concilio.

En realidad, bajo la capa de la unidad ecuménica, de la reconciliación de las religiones y demás engañosos señuelos, se trata de derribar el bastión del tradicionalismo católico, al que Josué Jéhouda califica de «vetusta fortaleza del oscurantismo cristiano».

Según Jéhouda, se han producido tres tentativas de «reforma del cristianismo», tres tentativas «tendentes a depurar la conciencia cristiana de los miasmas del odio», tres tentativas de «reforma de la teología cristiana, convertida en algo ahogante y paralizador», «tres brechas abiertas en la vetusta fortaleza del oscurantismo cristiano». De hecho, tres etapas importantes en la obra de destrucción del cristianismo tradicional:

El Renacimiento.

La Reforma.

La Revolución de 1789.

Lo que Jéhouda ve de admirable en esos tres grandes movimientos es la obra de descristianización a la cual, bajo formas diversas, ha contribuido poderosamente cada uno de ellos. No nos lo dice con tanta brutalidad, ya que es muy hábil en el manejo de los artificios del lenguaje, pero salta a la vista en todos sus escritos. Algunas citas nos permitirán comprobarlo.

«El Renacimiento, la Reforma y la Revolución ofrecen las tres tentativas de reforma de la mentalidad cristiana, a fin de adaptarla al ritmo del desarrollo progresivo de la razón y de la ciencia... y allí donde el cristianismo dogmático se difumina, los judíos se emancipan gradualmente.»

Hablando del Renacimiento nos dice:

«Puede afirmarse que si el Renacimiento no se hubiese desviado de su curso inicial en beneficio del mundo griego dualizado, hubiésemos tenido sin duda alguna un mundo unificado por el pensamiento y la doctrina creadora de la Cábala.»

(Josué Jéhouda: *El antisemitismo, espejo del mundo*, p. 168.)

Pasemos ahora a la Reforma:

«Con la Reforma, que estalló en Alemania cincuenta años después del final del Renacimiento, la universalidad de la Iglesia queda destruida... (antes que Lutero y Calvino) Jean Reuchlin, discípulo de Pico de la Mirandola, removió la conciencia cristiana sosteniendo ya en 1494 que no había nada superior a la sabiduría hebraica... con el retorno a las fuentes antiguas, Reuchlin preconizó igualmente el retorno a las fuentes judías. Finalmente, ganó la causa contra el convertido Pefferkorn, el cual pedía a voces la destrucción del Talmud. El nuevo espíritu que iba a revolucionar a toda Europa... se manifestó a propósito de los judíos y del Talmud... Sin embargo, asombra encontrar entre los protestantes tantos antisemitas como entre los católicos.»

(Josué Jéhouda: Ob. cit., p. 169.) Y Jéhouda concluye:

«La Reforma es la rebelión contra la Iglesia católica, que a su vez es una rebelión contra la religión de Israel.»

(Josué Jéhouda: Ob. cit., p. 172.)

He aquí ahora la Revolución francesa:

«La tercera tentativa de reforma de la posición cristiana se llevó a cabo, tras el fracaso de unificación de la Reforma cristiana, bajo el impulso de la Revolución francesa... que señalará la pública aparición del ateísmo en la historia de los pueblos cristianos. Aquella Revolución, habiendo adoptado una actitud claramente antirreligiosa, se prolongó a través del comunismo ruso y contribuyó poderosamente a descristianizar el mundo cristiano.»

(Josué Jéhouda: Ob. cit., pp. 170-172.)

Y para coronar esa «Reforma de la mentalidad cristiana», he aquí a Carlos Marx y a Nietzsche:

«En el curso del siglo XIX, dos nuevas tentativas de sanear la mentalidad del mundo cristiano fueron llevadas a cabo por Marx y por Nietzsche.»

(Josué Jéhouda: Ob. cit., p. 187.)

«El sentido profundo de la historia permanece idéntico en todas las épocas, es .una lucha sorda o abierta entre las fuerzas que trabajan para el progreso de la Humanidad y las fuerzas que se aferran en pegarse a los intereses creados, obstinándose en mantener lo que subsiste, en detrimento de lo que debe venir.»

(Josué Jéhouda: Ob. cit., p. 186.)

A los ojos de esos pensadores judíos, la reforma conciliar debe ser una nueva etapa en el camino del abandono, de la dejación, de la destrucción del tradicionalismo católico, el cual es vaciado poco a poco de su sustancia.

Asistimos, por tanto, a un nuevo episodio, a una nueva batalla en el milenario enfrentamiento judeo-cristiano.

He aquí cómo nos describen ese enfrentamiento Jéhouda, Rabi, Benamozegh, Memi.

«El cristianismo - nos dice Jéhouda - se niega obstinadamente a considerar a Israel como a su igual en el terreno espiritual. Creer que el Cristianismo ofrece «la plenitud» del Judaísmo, que constituye su punto culminante, que el Judaísmo ha sido perfeccionado por el Cristianismo, es viciar en su misma base el monoteísmo universal. ...·Se acerca la hora en que se hará necesario el indispensable saneamiento de la conciencia cristiana por medio de la doctrina del monoteísmo universal.»

(Josué Jéhouda: Ob. cit., pp. 10-11.)

«El antisemitismo cristiano, a pesar de llamarse a sí mismo mesiánico, pretende reemplazar el mesianismo de Israel por la fe en un Dios crucificado que asegura a cada fiel la salvación personal. Relegando el mesianismo judío a una posición pagana, el cristianismo tiende a convertir a todos los judíos a un mesianismo reducido... Pero, mientras persista el mesianismo monoteísta de Israel, incluso en estado virtual, el mesianismo cristiano aparecerá como lo que en realidad es: una imitación que se derrumba a la luz del mesianismo auténtico... (y) el antisemitismo persistirá mientras el cristianismo se niegue abordar su verdadero problema, que se remonta a su traición contra el mesianismo monoteísta.»

(Josué Jéhouda: Ob. cit., pp. 154 a 160.)

«Lo que propaga el antisemitismo es la obstinación cristiana en pretender ser el único heredero de Israel. Ese escándalo debe terminar, tarde o temprano; cuanto más pronto acabe, antes desaparecerá el clima de falsedades en el cual se envuelve el antisemitismo.»

(Josué Jéhouda: Ob. cit., p. 136.)

Escuchemos ahora a Elie Benamozegh, uno de los maestros del pensamiento judío contemporáneo:

«Si el cristianismo consiente en reformarse de acuerdo con el ideal hebraico será siempre la verdadera religión de los pueblos gentiles.»

«La religión del futuro debe tener su base en alguna religión positiva y tradicional, investida del misterioso prestigio de la antigüedad. Y, de todas las religiones antiguas, el Judaísmo es la única que declara poseer un ideal religioso para toda la humanidad (ya que) la obra (del cristianismo) no es más que una copia que debe ser puesta enfrente del original... Puesto que es la madre indiscutible, la religión más antigua se convertirá en la más nueva.

«Enfrente del cristianismo... con su pretendido origen divino y su infalibilidad ... Para reemplazar a una autoridad que se declara infalible y que sólo se remonta al año 1 de la era cristiana o de la .hégira... debe buscarse otra infalibilidad mucho más seria que empieza con la historia del hombre sobre la tierra y que sólo terminará con él... »

« La reconciliación soñada por los primeros cristianos como una condición de la *Parousie*, o advenimiento final de Jesús, el retorno de los judíos al seno de la Iglesia, sin el cual las diversas comuniones cristianas están de acuerdo en reconocer que la obra de la Redención permanece incompleta, ese retorno, decimos nosotros, se efectuará, no como se ha esperado, sino de la única manera seria, lógica y durable, y especialmente de la única manera provechosa para el género humano. Será la reunión del hebraísmo y de las religiones que surgieron de él, y, según las palabras del último de los Profetas, del Sello de los Videntes, como los Doctores llaman a Malaquías, « el retorno del corazón de los hijos a sus padres ».

Pasemos ahora a Rabi:

Entre los judíos y los cristianos, nos dice, existe una divergencia irremediable. Se refiere a Jesús. Suponiendo que Jesús haya existido históricamente, para el judío no fue Dios ni hijo de Dios. Lo máximo que podrá admitir, como concesión límite, es la tesis de Joseph Klauzner: ni Mesías, ni Profeta, ni legislador, ni fundador de religión, ni Tanna, ni rabino fariseo, « Jesús es para la nación judía un gran moralista y un artista en parábolas ... El día en que sea podado de los relatos de milagros y del misticismo, el Libro de Moral de Jesús será una de las más preciosas joyas de la literatura judía de todos los tiempos. »

« A veces imagino el último siglo, el último judío viviente, de pie delante de su creador como está dicho en el Talmud: « El judío, atado por su juramento, permanece en pie ante el Sinaí. » Imagino, pues, a ese último judío que habrá sobrevivido a los ultrajes de la historia y a las llamadas del mundo. ¿Qué dirá para justificar su resistencia al desgaste del tiempo y a la presión de los hombres? Me parece oírlo: dice: « No creo en la divinidad de Jesús. » Es natural que esa profesión de fe sea escándalo para el cristiano. Pero, ¿acaso la profesión de fe del cristiano no es escándalo para nosotros?

«Para nosotros... la conversión al cristianismo es necesariamente idolatría, porque representa la blasfemia suprema, es decir, la creencia en la divinidad de un hombre.»

Esos escritos datan de la última década. Remontémonos ahora a dos mil años atrás y releamos el relato de la Pasión:

«Mas ellos, asegurando a Jesús, lo llevaron a casa de Caifás, Príncipe de los Sacerdotes, donde los Escribas y los Ancianos se habían congregado...

«Y los Príncipes de los Sacerdotes y todo el consejo buscaban un falso testimonio contra Jesús, para darle muerte, y no lo hallaban, aunque se habían presentado muchos falsos testigos. Mas, por último, llegaron dos falsos testigos, y dijeron: *Este há dicho: Yo puedo destruir el templo de Dios y reedificarlo a los tres días.* Y levantándose el Sumo Pontífice le dijo: *¿No respondéis nada a lo que éstos deponen contra Vos?* Más Jesús callaba; el Sumo Pontífice le dijo: *Yo os conjuro, de parte de Dios vivo, que nos digáis si sois Cristo, el Hijo de Dios.* Jesús respondió: *Tú lo has dicho. Empero yo os digo: Veréis bien pronto al Hijo del Hombre, sentado a la derecha del Poder de Dios, venir sobre las nubes del cielo.*

«Entonces el Príncipe de los Sacerdotes rasgó sus vestiduras diciendo: *Ha blasfemado: ¿qué necesidad tenemos de testigos? Ahora mismo habéis oído la blasfemia; ¿qué os parece?* Y ellos respondieron, diciendo: *Reo es de muerte*».

(Evangelio según San Mateo.)

San Lucas relata así aquella escena: Jesús está ante los Príncipes de los Sacerdotes y los doctores de la ley. Le interrogan: *«Si eres Cristo, dínoslo.*

«Él les dijo: *Si os lo dijere, no me creeréis, y si os preguntare no me responderéis, ni me·soltaréis. Pero pronto el Hijo del Hombre estará sentado a la diestra del poder de Dios.* Dijeron entonces todos: *¿Luego tú eres el Hijo de Dios?* Él les respondió: *Vosotros lo decís: Yo soy.* Ellos dijeron: *¿Qué necesidad tenemos ya de testigos? Nosotros mismos lo hemos oído de su boca.*»

(Evangelio según San Lucas.)

San Marcos aporta un testimonio cuya redacción es muy semejante al relato de San Mateo.

A dos mil años de distancia, las posiciones recíprocas permanecen inalterables y el enfrentamiento judeo-cristiano es irreductible.

Aunque ajeno a la cuestión doctrinal que tratamos, no que· remos dejar de relatar un extraño y reciente asunto al que las organizaciones judías procurarán echar tierra rápidamente. El «héroe» del caso es una importante personalidad judía que intervino personalmente cerca de Pablo VI para apoyar la tesis de Jules Isaac en favor de los judíos y provocar el voto conciliar. Se trata del abogado Hans Deutsch.

El 3 de noviembre de 1964, inesperadamente, estalló la bomba: Hans Deutsch era detenido en Bonn, acusado de haber estafado al gobierno alemán. .

El periódico *Le Monde* publicó, el 7 le noviembre de 1964, un largo artículo acerca del tema:

M. Hans Deutsch desempeñaba un importante papel en la reivindicación de las indemnizaciones debidas a las víctimas del nazismo.

«La detención en Bonn del profesor Hans Deutsch, el 3 de noviembre, parece haber provocado una viva emoción en Berna, en Viena y en todos los medios directamente interesados en las restituciones alemanas a las víctimas judías del nazismo. *Le Monde* se refirió a ello en su número del 6 de noviembre. La noticia había sido anunciada el 4 de noviembre por un portavoz del Ministerio de Justicia de Bonn. El profesor Deutsch, detenido el martes, está acusado de haber estafado 35 millones de marcos (unos 520 millones de pesetas) y de haber inducido a terceros a prestar falsos testimonios.

«La personalidad del profesor Deutsch, así como las circunstancias de su detención, hacen más sorprendente un asunto llamado a tener gran resonancia. Residente en Pully, en el cantón de Vaud del cual es ciudadano de honor desde 1958, M. Hans Deutsch era de origen austriaco. A raíz de *Anschluss* abandonó Viena para trasladarse a Palestina regresando a Europa después de la guerra. Jurista, se dedicó a reclamar la restitución de los bienes judíos requisados por los alemanes, especialmente los de la familia Rothschild (austriaca). Sus emolumentos profesionales le permitieron reunir una pequeña fortuna personal, la cual hizo fructificar y utilizó para el mecenazgo.

«Fundador de una editorial vienesa... creó una fundación que lleva su nombre y concede anualmente un premio que otorga un jurado de profesores de la Universidad de Berna. De un importe de 50.000 francos suizos (alrededor de 700.000 pesetas), el premio está destinado a obras de inspiración europeísta. Su primer titular fue el español Salvador de Madariaga. Se había previsto concedérselo a André Malraux. El canciller de Austria Klaus había aceptado la presidencia de honor de la fundación Hans Deutsch.

Estupefacción en Viena

«El abogado había sido recibido por Pablo VI, cuya ayuda había solicitado para lanzar un llamamiento destinado a combatir los prejuicios que agravan las relaciones entre judíos y cristianos. *El Papa había prometido su apoyo a esos esfuerzos, inspirados en los de Jules Isaac.*

« M. Hans Deutsch había producido también una vigorosa película contra la bomba atómica, *« Choisir la vie »*, presentada en Ginebra en ocasión de la conferencia del desarme.

« Su inculpación ha provocado la estupefacción en Viena, donde numerosos medios han expresado su simpatía a M. Deutsch, en virtud de sus actividades culturales.

« Según ciertos rumores, M. Deutsch se había trasladado a Alemania para discutir las modalidades de un cambio en el baremo de las indemnizaciones a las víctimas judías del nazismo.

Por su parte *Paris·Presse* publicó, el 8 y el 13 de noviembre del mismo año, dos artículos que extractamos a continuación:

UN ANTIGUO JEFE DE LAS SS SE REÚNE EN LA CÁRCEL CON EL PROFESOR DEUTSCH

« La colección Hatvany -una de las más bellas colecciones europeas de cuadros- ha causado la perdición del abogado austríaco Hans Deutsch, acusado de haber percibido indebidamente unos cuantos millones de marcos en nombre de las víctimas de los expoliadores nazis.

« Un ex-jefe de las SS, el *Hauptstumführer* Friederich Wilke, en la actualidad fabricante de pantalones en Fráncfort, se ha reunido con Deutsch en la cárcel de Bonn. Al parecer, su testimonio permitió al abogado llevar a cabo la estafa de la cual se le acusa. »

«El barón Hatvany, el «rey del azúcar» húngaro, había reunido en Budapest una colección de 800 cuadros, entre ellos varios Rembrandt, Goya y Degas.

«La colección desapareció en el curso de la guerra. Las tres hijas del barón, fallecido en 1958, encargaron al profesor Deutsch la obtención de una indemnización del gobierno de Bonn.

«Había que demostrar que la colección había sido robada por los nazis. Aquí intervino Wilke, declarando ante la comisión de encuesta que los cuadros habían sido requisados por el general de las SS von Pieffer-Windelbruch y trasladadós a Baviera».

«Bonn se dispuso a pagar. Después de largas discusiones, el importe de la indemnización de fijo en 35 millones de marcos (unos 520 millones de pesetas). El pasado verano, Deutsch percibió la mitad de aquella suma.

«Pero posteriormente se descubrió que, si bien la colección había sido robada, los autores del robo no fueron los nazis, sino los rusos, en 1944.

«Ese ha sido el motivo de la detención de Deutsch a su llegada a Bonn, la semana pasada, cuando se presentó para cobrar el resto de sus 35 millones de marcos».

Es, quizás, la estafa del siglo

«En el caso Deutsch, los expertos tienen ahora la palabra. Grafólogos y químicos del laboratorio científico examinan uno a uno los documentos del voluminoso expediente que acaba de presentar el profesor Hans Deutsch.

«Un expediente que gira alrededor de una suma de 35 millones de marcos».

«Según los primeros cálculos, el profesor se había embolsado ya por ese sistema unos 20 millones de marcos (casi 300 millones de pesetas), ya que las «falsificaciones» elaboradas por el profesor - certificados de estado civil, declaraciones de los testigos, etc. - son verdaderas obras maestras».

«Si nuestras sospechas se confirman, ha declarado un jurista alemán estrechamente relacionado con el Ministerio de Justicia de Bonn, el caso Deutsch se convertirá en uno de los casos de estafa más gigantescos que ha conocido Alemania».

«Hasta el momento, Hans Deutsch no ha perdido nada de su arrogancia. «Todo mi vida -dice- atestigua por mí».

«Alegatos en favor del pueblo de Israel, fundaciones literarias, escuelas, lucha para el acercamiento judeo-cristiano, etc, etc. Todo eso no tiene nada de imaginario.»

«Puedo demostrar -afirma el profesor Deutsch- que he puesto toda mi fortuna al servicio de las grandes causas.»

«Pero, ¿daba con la mano izquierda lo que recibía con la mano derecha? ¿Trabajaba Mr. Hyde para el Dr. Jekill, o el Dr. Jekill no era más que la tapadera de Mr. Hyde?»

Segunda Parte

CAPÍTULO IV

LOS JUDÍOS EN EL MUNDO

Al abordar el problema judío, surge inmediatamente una seria dificultad: la gran complejidad de la cuestión judía.

Los judíos no son únicamente los adeptos de una religión sino, a pesar de la dispersión, los miembros de una comunidad distinta en la cual los factores raza, religión y nación se encuentran tan entrelazados que resulta imposible separarlos.

Pero, ¡cuidado! Esos factores, raza, religión y nación, tienen para los judíos un sentido completamente distinto del que se les atribuye en el lenguaje ordinario. Para concretar, digamos que la definición de la raza judía no corresponde a la definición corriente de la palabra raza; la religión judía no tiene ninguna similitud con las otras religiones; y el concepto de nación judía es inaplicable a cualquier otra nación y no tiene precedente en la historia del mundo.

Finalmente, para complicar más la cosa, los judíos enmascaran deliradamente la realidad del problema y utilizan argumentos trucados, ya que gracias a esa ambigüedad hábilmente puesta en juego han conseguido infiltrarse en las naciones y ocupar en ellas posiciones dominantes.

Por eso los judíos se oponen ferozmente, obstinadamente, a que se discuta la cuestión judía a la luz del día.

En su obra clásica «La Monarquía de los Habsburgo» escrita antes de la primera guerra mundial, un autor inglés, muy bien informado, se expresa así al respecto:

«*El ideal judío parece ser el mantenimiento de la influencia judía internacional como un verdadero imperio en los imperios*, imperium in imperiis. *El disimulo de su verdad ero objetivo se ha convertido en ellos en una segunda naturaleza*, y deploran, combaten con encarnizamiento toda tendencia a plantear francamente la cuestión judía ante el mundo»

(Henry Wickham Steed: *La Monarquía de los Habsburgo*, p. 276. Libraire Armand Colin, Paris- 1914).

Tratemos ahóra de separar las grandes líneas de ese difícil y complicado problema, recurriendo a los escritores más informados acerca de la cuestión.

«La cuestión judía es universal, pero se oculta. En realidad, no podría definirse en términos de religión, ni de nacionalidad, ni de raza. Los propios judíos parecen destinados a excitar tan poderosamente las pasiones de aquellos con los cuales entran en contacto, que la imparcialidad a propósito de ellos es muy rara. Algunos judíos consideran que el simple hecho de reconocer la existencia de una cuestión judía es una manifestación de antisemitismo.»

«*Ninguna cuestión merece ser estudiada con más cuidado*. Adquiere cien formas diversas, se encuentra en zonas insospechadas de la vida nacional o internacional, y ejerce una influencia benéfica o nociva sobre la marcha de la civilización. La principal dificultad estriba en encontrar un punto desde el cual pueda partirse para acercarse a ella, una posición lo suficientemente elevada como para divisar desde allí sus innumerables ramificaciones. ¿Es una cuestión de raza, o de religión? Dé las dos a la vez, y algo más. ¿Es una cuestión económica, financiera y de comercio internacional? Es todo eso y algo más. ¿Acaso los rasgos característicos especiales que constituyen a la vez la fuerza y la debilidad de los judíos son un resultado de la persecución religiosa, o más bien los Judíos han sido perseguidos porque esos rasgos les han hecho odiosos a los ojos de los pueblos que les han dado asilo? Es el clásico problema de antecedencia entre la gallina y el huevo.»

(Henry Wickham Steed: Ob. cit., pp. 229-230.)

Por su parte, el doctor A. Roudinesco escribe:

«El destino del pueblo judío se aparece al historiador como un fenómeno paradójico, increíble y casi incomprensible. Es único y sin par en la historia de la humanidad.»

(Dr. A. Roudinesco: *Le Malheur d'Israel*, p. 7. Ediciones de Cluny, París, 1956.)

«Ya que toda la historia del pueblo judío es única en el mundo, ofreciendo un enigma insoluble incluso en la actualidad para todos los sociólogos, filósofos y estadistas. Toda cultura es individual y original, pero la cultura judía, producto de la historia judía, es realmente excepcional.»

(Daniel Pasmanik: *¿Qué es el Judaísmo?*, p. 83, Libraire Lipschut, París-1930.)

«El pueblo judío es el único, entre todos los pueblos del mundo, que subsiste desde hace dos mil años, sin patria histórica, sin Estado, sin hogar, sin economía normal, sin poder central coercitivo; ha sido durante largos siglos juguete de las otras naciones, ha sufrido persecuciones y humillaciones, y a pesar de todo se ha conservado:, ¿no es ése uno de los mayores enigmas, cuya solución sólo puede encontrarse en la tesis de la idea del pueblo elegido? Si continuará siendo así es ya otra cuestión. Por nuestra parte, estamos convencidos de que los valores nacionales no pueden ser conservados indefinidamente sin la dignidad nacional. Únicamente el futuro traerá la solución decisiva de ese problema.»

(Daniel Pasmanik: Ob. cit., p. 73.)

«Israel se presenta en la historia como un pueblo especial, ya que *es a la vez religión y nación, sin ninguna posibilidad para él de separar esos dos factores,* como pueden hacer los otros pueblos. Sin duda, Israel es una raza, pero no en el sentido biológico, como ha pretendido el racismo, sino en el sentido ético-histórico.»

(Josué Jéhouda: *El antisemitismo, espejo del mundo,* p. 209.)

Nahum Goldman, presidente del Congreso Mundial Judío, declaró en 1961:

«Carece de interés querer definir al pueblo judío como una comunidad racial o religiosa, o como una entidad cultural o nacional. *Su historia única ha creado un fenómeno colectivo único, al cual no puede aplicarse ninguno de los términos utilizados en diferentes idiomas en materia de definición de grupos humanos.* Lo único que importa es esto: un judío, defina como defina al pueblo judío, se considera parte integrante del Judaísmo.»

(Citado por Rabi en: *Anatomía del Judaísmo francés,* p. 304.)

Finalmente, dos escritores no judíos, uno de ellos independiente, de nacionalidad suiza, G. Batault, el otro filosemita, Jacques Madaule, estiman que lo que determina la unidad de los judíos no es tanto la idea de raza; de nación y de religión, como la de tradiciones comunes de esencia religiosa:

« Entre el judaísmo y todas las otras religiones contemporáneas no hay solamente una cuestión de matiz, sino una diferencia de especie y de naturaleza, una antinomia fundamental. No estamos ya en presencia de una religión nacional, sino de una nacionalidad religiosa. »

(G. Batault: *El problema judío*, p. 65, Pion, Nourrit y Cie. París-1921.)

« *¿Cuál es la naturaleza específica de esa nacionalidad judía?* Si es de esencia puramente religiosa, no se justifica, por una parte porque un gran número de judíos no practican ya su religión, y por otra parte porque las otras religiones no dan lugar a ninguna atribución de nacionalidad. Pero, si nacionalidad y religión son completamente distintas entre los judíos como entre los demás, ¿en qué consiste esa extraña nacionalidad sin base territorial? A diferencia de todas las demás, se basa en un pasado común, en unas tradiciones comunes de origen religioso. »

(J. Madaule: *Los judíos y el mundo actual*, p. 155, Flammarion, París, 1963.)

Legislación Israelita

La Ley del Retorno y sus Ambigüedades

Si faltara una prueba complementaria de la complejidad del problema judío, se encontraría en la dificultad que se experimenta para definir legalmente al judío.

Obligados a dar una respuesta oficial a esa cuestión, ni el gobierno hitleriano, ni el gobierno de Vichy, ni siquiera el gobierno israelí consiguieron encontrar una definición clara y satisfactoria.

Mediante la Ley del Retorno o ley fundamental del nuevo Estado judío, promulgada en Tel-Aviv en 1948, Israel ha concedido el derecho de ciudadanía a todos los judíos de la Diáspora, fuera cual fuese su origen. Al hacerlo, se vio en la necesidad de definir legalmente quién era judío y quién no lo era. Ante la imposibilidad de encontrar una fórmula legal que abarcara a los tres factores: raza, religión y nación, el gobierno de Tel-Aviv se vio obligado a apelar al criterio religioso. Es judío el que pertenece a una comunidad de religión o de tradiciones religiosas judías y no se ha convertido a otra religión.

Sin embargo, no se necesita ser creyente:

« El Judaísmo actual no se confunde con una práctica religiosa. Se puede ser judío, ser considerado como tal... sin que para ello haya que compartir la fe judía, y especialmente el monoteísmo judío.»

(J. Madaule: Ob. cit., p. 107.)

La legislación israelí está basada en la más estricta intolerancia religiosa.

En efecto, la conversión a otra religión, especialmente al cristianismo, excluye automáticamente al judío de la comunidad judía. Un judío cristiano o musulmán no puede beneficiarse de la Ley del Retorno sin una previa naturalización, como cualquier extranjero.

« Es lo que acaba de confirmar, en diciembre de 1962, el Tribunal Supremo de Israel *al negar la nacionalidad israelí de pleno derecho a un judío convertido al cristianismo, establecido desde hace mucho tiempo en Israel y deseoso de ser considerado como israelita, el Padre Daniel. A pesar de los servicios que ha prestado al Estado, y que se le reconocen, el P. Daniel no ha sido dispensado de las formalidades de naturalización impuestas en Israel a los no-judíos.* En otras palabras, se le ha negado, por ser cristiano, el beneficio de la Ley del Retorno que reclamaba.»

(J. Madaule: Ob. cit., pp. 65 y 66.)

Es como si un católico francés pasado al protestantismo dejara de ser francés.

En un artículo aparecido en «*Aspects de la France*», el) su número del 21 de enero de 1965, Xavier Vallat cita un caso no menos típico:

«¿Creéis acaso que es fácil, cuando se es medio judío, convertirse en ciudadano de Israel? Desengañaos. El caso de Madame Rita Eitani, que era consejera municipal de Nazaret, puede instruiros al respecto. Su padre, judío polaco, fue víctima de los nazis. Su madre, alemana, es católica y no hizo circuncidar a su hijo. En virtud de lo cual, M. Moshe Shapiro, Ministro del Interior, ha rogado a Madame Rita que devolviera su pasaporte israelí, puesto que ella no es judía de acuerdo con la ley, *que estipula que un hijo nacido de madre no-judía no está considerado como judío, si no se convierte al judaísmo.* Madame Rita Eitani sabe lo que tiene que hacer... o que perder. Pero no deja de resultar curioso que Israel aplique con tanto rigor el sistema de discriminación del que tanto abominó cuando Vichy elaboró un estatuto civil especial para los judíos en Franéia.»

Así, por paradójico que parezca, Israel, Estado laico compuesto en gran parte de ateos y de librepensadores, tiene como base jurídica unos conceptos religiosos y unas instituciones religiosas. Además, no sólo se ha declarado al hebreo, idioma sagrado, idioma nacional, del mismo modo que la Biblia, libro sagrado, es el libro nacional, sino que han sido conservadas un gran número de prácticas religiosas:

> «Cuando se ve un candelabro de siete brazos en el *kibboutz mapam,* es decir, perteneciente a .un partido socialista de izquierda que profesa el ateísmo, se justifica el hecho diciendo que se trata de un símbolo nacional. Durante el período pascual, en Israel resulta imposible obtener pan que no sea sin levadura. Es como si en un país donde el catolicismo fuera la religión dominante los restaurantes no pudieran servir carne los viernes. Si se os ocurre encender un cigarrillo en el comedor del *King David* de Jerusalén, después de la comida, un sábado, un camarero acude discretamente a pediros que lo apaguéis, ya que vuestro gesto podría molestar a algunas de las personas presentes ... Los judíos tienen prohibido encender fuego en sábado...»

(J. Madaule: Ob. cit., pp. 68-69).

En fin, la Ley del Retorno no reconoce ni el matrimonio civil, ni el divorcio civil, ni el entierro civil. Lo que es del dominio del estatuto personal está sometido a la legislación interior de cada culto: tribunales rabínicos para los judíos; tribunales de la *Charia* para los musulmanes; tribunales religiosos confesionales para los cristianos.

Estado laico, religiosamente intolerante, Israel, que pretende ser también una democracia, es uno de los Estados más racistas del mundo. Los matrimonios mixtos están prohibidos.

> «Los matrimonios mixtos entre judíos y no-judíos no son posibles en el nuevo Estado de Israel, según la ley votada el 28 de agosto de 1953.»

(F. Lovsky: *Antisemitismo y Misterio de Israel*, p. 116, Ediciones Albin Michel, Paris, 1955).

La legislación israelí, por otra parte, no hace más que confirmar la opinión del rabinado consistorial:

« La Conferencia de los rabinos europeos, celebrada en 1960 en Inglaterra, adoptó la siguiente moción: « Consideramos que tenemos el solemne deber de advertir a nuestras comunidades y a cada uno de los hijos y de las hijas del pueblo judío contra el terrible mal de los matrimonios mixtos que destruyen la integridad del pueblo judío y quebrantan la vida familiar ».

(Rabi: *Anatomía del Judaísmo francés*, pp. 259- 260, Les Editions de Minuit, París-1962.)

En el Estado de Israel, ni siquiera los muertos conocen la paz racial:

« El cónyuge no-judío no podrá ser enterrado en el cementerio judío al lado de su consorte: aparte los casos de conversión, en efecto, ningún espacio de un cementerio judío podrá ser cedido o vendido a una persona no judía. «

« En diciembre de 1957, en Pardess Harma, Israel, murió un niño de siete años, Aaron Steinberg, hijo de unos inmigrantes recién llegados. El padre era judío, la madre cristiana. La legislación rabínica hace depender de la madre la filiación religiosa de un hijo nacido de una unión exogámica, en tanto que el derecho canónico lo hace dependiente del padre. El resultado fue que los padres del pequeño Aaron recibieron una negativa lo mismo en el cementerio católico de Haifa que en el cementerio judío de Pardess Harma. A pesar de que en Israel no existen más cementerios que los religiosos, se habilitó un pequeño espacio para el cadáver, pero fuera del recinto.

(Rabi: Ob. cit., pp. 162 y 275.)

Ese mismo espíritu racial de la Ley del Retorno provocó la expulsión a Jordania, en 1948,

> «*manu militari*, con o sin los 30 kilogramos de equipaje convertidos en legendarios... a 900.000 árabes de Palestina».

(P. Rassinier: *El Verdadero Proceso Eichmann*, p. 101, Les Sept Couleurs, Paris, 1962. - Publicado en lengua española con el título «La verdad sobre el proceso Eichmann», por Ediciones Acervo, Barcelona.)

El padre Bonsirven, S. I. subraya el aspecto racial de la religión judía en su libro .sobre el judaísmo palestino:

> «El Nacionalismo judío... subsiste., ardoroso e intransigente, bajo la forma de una religión nacional o, más exactamente, de una religión racial. Una expresión que parece incoherente, ya que conjuga dos términos y dos conceptos antinómicos: el concepto de religión, que es de por sí supranacional y universalista, y el concepto de nación y de raza, que incluye el particularismo. He aquí la antinomia básica constitucional que encubre el judaísmo.»

(Bonsirven, S. I.: *El Judaísmo palestino en la época de Jesucristo*. Ed. Beauchesne, París, 1934.)

El Proceso Eichmann

El proceso Eichmann creó un precedente jurídico susceptible de tener lejanas y graves consecuencias.

Al final de la. Segunda Guerra Mundial, la Alemania vencida fue condenada a entregar al Estado de Israel, en compensación de los daños causados por ella a los judíos alemanes y extranjeros, unas indemnizaciones que se elevaban a la suma de 200 millones de marcos (unos 3.000 millones de pesetas) anuales, y esas cantidades, satisfechas con regularidad, han representado una considerable ayuda al presupuesto israelí.[3]

En 1960, Adolf Eichmann, ciudadano alemán, refugiado en la· Argentina, fue raptado, con desprecio del derecho de gentes, por unos agentes secretos de Israel y presentado ante un tribunal israelí por delitos cometidos, en el ejercicio de sus funciones, contra judíos alemanes y extranjeros. Eichmann fue condenado a muerte y ejecutado.

Al arrogarse el derecho de aplicar la ley israelí a un alemán, por delitos cometidos en Alemania y que dependían jurídicamente de los tribunales de su país, el Estado de Israel ha creado un grave precedente jurídico.

En efecto, tal como escribió en *Le Fígaro* del 9 de junio de 1960 M. Raymond de Geoffrey de la Pradelle, jurista de fama internacional:

---

[3] (En marzo de 1965, Le Monde señalaba que el gobierno de Bonn, al expirar el acuerdo que concluyó con Israel a título de reparaciones por daños causados a los judíos, habrá entregado a aquel país la suma de 4.140 millones de francos nuevos (unos 60.000 millones de pesetas). Además, Israel habrá recibido de la Alemania Federal bienes de equipo por un valor de 2,880 millones de francos nuevos (alrededor de 35.000 millones de pesetas).
Además, Alemania entrega a los derechohabientes de las víctimas judías, a título individual, indemnizaciones superiores a las cifras precedentes.

«Las acciones legales ejercidas por los Aliados al terminar la guerra están basadas en el acuerdo de Londres del 8 de agosto de 1945 y la declaración de Moscú del 30 de octubre de 1943, a la cual se refiere de un modo expreso el acuerdo de Londres.

«El principio formulado es el del envío de los criminales de guerra a los países donde han cometido sus delitos. Además, el estatuto de Londres del 8 de agosto de 1945 creó el Tribunal Militar Internacional para juzgar a los criminales de guerra cuyos delitos no tengan localización geográfica concreta...

«Aquel estatuto de Londres fue promulgado por los Aliados después de haber recibido, el 8 de mayo de 1945, del jefe del gobierno del Reich, Almirante Doenitz, mediante la rendición incondicional, el ejercicio de la soberanía alemana...

«*Ningún texto internacional permite otorgar competencia al Estado de Israel para juzgar a un extranjero al cual se le imputan delitos contra la humanidad o crímenes de guerra cuando esos delitos han sido cometidos en el extranjero*. Además, en la época en que aquellos delitos fueron cometidos no podía tratarse de víctimas de nacionalidad israelí, ya que el Estado de Israel no existía.

«El Estado de Israel es soberano. Dentro de los límites de su territorio,' Israel puede, si lo cree conveniente, otorgarse la competencia jurisdiccional que le plazca por medio de una ley especial. Pero esa ley viola los principios generales del derecho y de la norma internacional de competencia establecida para los delitos que tienen esencialmente un carácter internacional, puesto que, cometidos en Alemania en una época en que la ley alemana los consideraba lícitos, no constituyen delitos más que desde el punto de vista del derecho internacional ».

En el caso de las indemnizaciones pagadas por el gobierno de Bonn, y en el Proceso Eichmann,

« *el Estado de Israel se ha erigido en representante calificado y único de la comunidad judía mundial, en Estado soberano de todo el pueblo judío.* »

Nada podría señalar más claramente la íntima conexión - aunque también la ambigüedad de los lazos-existente entre el Estado de Israel y los judíos de la Diáspora. Los judíos han pretendido siempre ser leales ciudadanos de los países en los cuales residen. Sin embargo, los dos hechos que acabamos de señalar: indemnizaciones y proceso Eichmann, demuestran, por el contrario, que los judíos continúan siendo extranjeros en los países que les acogen, y que dependen jurídicamente, no de esos países, sino del Estado de Israel.

Capítulo V

¿Torah o Talmud?

La religión judía, como todo lo que afecta a la cuestión judía, está basada en un equívoco.

En efecto, cuando se habla de religión judía se piensa, corrientemente, en la ley mosaica (o Pentateuco) codificada bajo el nombre de Torah. Y el Cristianismo no puede experimentar ninguna desconfianza ni animosidad especial en lo que respecta al Pentateuco, puesto que figura entre sus libros sagrados. El cristianismo considera únicamente que la ley mosaica quedó superada y sustituida por los preceptos superiores del Evangelio; entre los dos hay filiación y continuidad, y no antinomia fundamental.

«Si en la Edad Media los volúmenes de la Torah fueron pisoteados más de una vez por un populacho desencadenado que saqueaba la sinagoga o quemados con la propia sinagoga, tales actos no fueron nunca aprobados por la Iglesia. En cuanto a la Torah, nunca fue condenada oficialmente. Si bien el Judaísmo estaba considerado como una herejía, y se mataba a los judíos en su calidad de incrédulos, se respetó siempre la Torah, aquella ley de Dios. Tal como dijo un Papa: «Nosotros loamos y honramos la Ley, ya que ella fue entregada a vuestros antepasados, por mediación de Moisés, por el Dios Todopoderoso. Pero nosotros condenamos vuestra religión y vuestra falsa interpretación de aquella Ley».

(Max I. Dimont: *Los judíos, Dios y la Historia*, p. 254).

Pero si bien ciertos judíos, apegados a la tradición, permanecen todavía fieles a la Torah, la mayoría de ellos la han abandonado desde hace mucho tiempo en beneficio del Talmud, recopilación de comentarios de la Ley elaborados por los Fariseos y los rabinos, entre los siglos II y V después de Jesucristo; muchos se han hecho completamente agnósticos. Sobre ese delicado tema, dejemos hablar a Wickham Steed y a eminentes pensadores judíos:

«Los saduceos lucharon durante siglos contra la tendencia farisea a aislar el judaísmo detrás de una barrera de preceptos y de comentarios; pero la caída de Jerusalén decidió definitivamente la batalla en favor de los fariseos, los cuales multiplicaron hasta tal punto los comentarios sobre la Ley que la codificación se hizo indispensable. Entonces fue elaborado un código llamado Mishna (doctrina).

«De generación en generación, los comentarios de la Mishna se desarrollaron de tal modo que resultó imposible manejarlos; una vez más hubo que proceder a la codificación. Hacia mediados del siglo V de nuestra era, fue compuesto un código Mishna en Palestina, y a finales del mismo siglo un segundo código en Babilonia.

«Los dos códigos fueron llamados «Talmud» (Búsqueda o Investigación). En tanto que el Talmud de Palestina desempeñó a continuación un papel insignificante en la vida judía, *el Talmud babilónico fue considerado como un tesoro nacional, convirtiéndose en El Libro «para los judíos ortodoxos y reemplazando al Torah como fuente de toda sabiduría y como guía para todos los detalles de la vida cotidiana*. El Talmud, a pesar de su carácter de comentario de un comentario de una Ley de origen incierto; no solamente ha mantenido a la nación judía, sino que la ha impregnado de un espíritu farisaico y la ha separado quizá para siempre de la gran corriente de la cultura humana».

(Wickham Steed: *La Monarquía de los Habsburgo*, pp. 255-256-257).

Esa opinión es confirmada por Bernard Lazare:

«El verdadero Mosaísmo, depurado y engrandecido por Isaías, Jeremías y Ezequiel, ampliado universalmente por los judeo-helenistas, hubiera conducida Israel al Cristianismo si el Esraísmo, el Fariseísmo y el Talmudismo no hubiesen estado allí para retener a la masa de los judíos en los lazos de las estrictas observancias y de las estrechas prácticas rituales.

«Como no podía proscribirse el Libro, se le minimizó, se le convirtió en tributario del Talmud; los doctores declararon: «La Ley es agua, la Mishna es vino». Y la lectura de la Biblia fue considerada como menos provechosa, menos útil para la salvación que la lectura de la Mishna.

«*A partir de entonces triunfaron los Rabinos.*

«*Habían conseguido su objetivo.* Habían arrancado a Israel de la comunidad de los pueblos; lo habían convertido en un solitario feroz, rebelde a toda ley, hostil a toda fraternidad, cerrado a toda idea bella, noble y generosa; lo habían convertido en una nación miserable y pequeña, amargada por el aislamiento, embrutecida por una educación mezquina, desmoralizada y corrompida por un injustificable orgullo.

«Con esa transformación del espíritu judío, con la victoria de los doctores sectarios, coincide el comienzo de las persecuciones oficiales. Hasta aquella época, apenas había habido más que explosiones de odios locales, pero no vejaciones sistemáticas. Con el triunfo de los Rabinitas nacen los *ghettos;* empiezan las expulsiones y las matanzas. *Los judíos quieren vivir aparte: los demás se separan de ellos. Detestan el espíritu de las naciones en medio de las* cuales viven: las naciones les expulsan. Queman al moro: les queman el Talmud y a ellos mismos».

(B. Lazare: *El antisemitismo,* pp. 57-58, Editions Jean Cres, París-1934).

En su libro *Le Malheur d'Israel,* el doctor A. Roudinesco muestra también cómo el judaísmo de los profetas, de espíritu universal, desemboca en el Cristianismo, y cómo el judaísmo legalista, basado en el Talmud, se separa y rompe definitivamente con él.

«La ortodoxia actual no es la religión de la Biblia y de los Profetas. Es una religión post-bíblica o talmúdica edificada por unos fariseos y unos doctores de la ley entre los siglos II y v después de Jesucristo, para conservar la pequeña minoría de judíos que no se habían adherido a Cristo y para consumar la ruptura definitiva con el Cristianismo triunfante».

(Dr. A. Roudinesco: Ob. cit., p. 114).

«El judaísmo de los Profetas, universalista, mesiánico y finalista desembocó en Jesús y conquistó al mundo bajo su forma cristiana.

«El judaísmo legalista y nacional ha confirmado su dios exclusivamente en la colectividad que él había elegido y se ha esforzado en salvarla de los peligros que se han renovado incesantemente a su alrededor. Está basado en una interpretación de los textos bíblicos por tradiciones orales no reveladas, llamadas Mishna, Guemara, Halakha y Hagada. Ese conjunto, conocido por el nombre de Talmud, fue concebido en Jerusalén a finales del siglo 11 y terminado en Babilonia en el siglo v. Los dos Talmuds ocupan: once tomos en octavo y representan veinte veces el volumen de la Biblia».

(Dr. A. Roudinesco: Ob. cit., p. 115).

« Ese conjunto imponente de libros rabínicos ha elevado una muralla de leyes alrededor del judaísmo y le ha imprimido la rigidez y el inmovilismo que le caracterizan incluso en nuestros días ».

(Dr. A. Roudinesco: Ob. cit., p. 125).

« *Todos los elementos del especifismo judío hay que buscarlos en su religión. Surgido de sus prácticas rígidas y singulares, aísla al judío y le confiere el carácter de una especie de colonia extranjera, única en su género, viviendo en medio de las otras naciones.* La endogamia y la ausencia de todo proselitismo han terminado por crear, por selección, una especie .de étnica, a pesar de tantas ascendencias heterogéneas ».

(Dr. A. Roudinesco: Ob. cit., p. 126).

« A la religión revelada por Abraham, codificada por Moisés, basada en un .dios nacional, se opone la de los Profetas, inspirada por un Dios universal, justo y bueno. Con los profetas, la idea de moral penetra en la religión y forma cuerpo con ella. El Dios nacional era necesariamente egoísta; no era misericordioso: « castiga la iniquidad de los padres en sus hijos y en los hijos de sus hijos hasta la cuarta generación » (Exodo, XXXIV, 7). Ordenó a Moisés y a Josué que destruyeran sin piedad a los otros pueblos, y no que los convirtieran. Con los profetas judíos aparece por primera vez en la historia de la humanidad la idea de fraternidad universal.

«A partir del año 725 antes de nuestra era, Isaías, Amós, Oseas, Miqueas, el segundo Isaías, Jeremías, Ezequiel y Daniel, crearon una nueva religión de una elevación espiritual y moral desconocida hasta entonces. Gracias a ellos, Jehová se convirtió en u Dios universal; gracias a ellos, también, Israel ha conservado el culto del Dios único. Ellos salvaron a la vez al judaísmo y al monoteísmo. Hay que leer a los profetas para saber hasta qué punto el pueblo judío era inclinado a la idolatría. Pueblo de nuca rígida y corazón incircunciso, volvía a sus ídolos como el perro a su vómito. No sin motivo ha quedado en la historia el recuerdo de múltiples becerros de oro. El ejemplo venía de arriba: Salomón, a pesar de su proverbial sabiduría, adoró a Astarté y a Milcom y alzó un templo a Kemosh y a Moloch delante de Jerusalén (Reyes, XI, 5). Jeroboam I mandó fundir unos becerros de oro quinientos años después del de Aarón. Tertuliano dice que la circuncisión fue mantenida entre los judíos únicamente para frenar su tendencia a la idolatría y para recordarles su verdadero Dios. Los falsos dioses eran adorados bajo el rey Manasés en el mismo Templo, convertido en un verdadero Panteón. Sin los profetas, el culto de Jehová se habría quizá difuminado».

(Dr. A. Roudinesco: Ob. cit., pp. 126-127).

Aquella sustitución de la Torah por el Talmud tendrá dos consecuencias que, a través de los siglos, no dejarán de gravitar pesadamente sobre los destinos del pueblo judío.

La primera será la de exacerbar el exclusivismo religioso judío, que adquirirá cada vez más una forma de exclusivismo nacional y político.

Es lo que señala muy claramente F. Fejto en su obra: *Dios y su pueblo*:

«Vosotros sois el pueblo celoso por excelencia. Esa es vuestra verdad y vuestra mentira. Esa es vuestra maldición...

«En realidad, los términos de la alianza llevan la huella de vuestro espíritu. Sois vosotros los que lleváis el nombre de celosos, sois vosotros los que exigís de Dios que no se trate con los otros pueblos, que repudie a todos sus otros hijos.

«Todo o nada: ésa es vuestra divisa, no la suya. Hijos tiránicos, lo queréis todo para vosotros. So pretexto de hacerlo vuestro único Señor, vuestro único Dueño, vuestro único Rey, *en realidad os encarnizáis en hacer descender a ese Dios a vuestro nivel, en dominarle, en convertirle en el esclavo y el instrumento de vuestra expansión nacional...*

«Nada menos generoso, nada más posesivo que vuestro amor a Dios...

«Sencillamente, querríais ser como él, sustituirle, ocupar su lugar; ¡Nada menos que eso!

«Sois un pueblo celoso. Dios con vosotros: y sólo con vosotros, solamente para vosotros...

«*La idea de compartir a Dios con otros os parece inadmisible. Y os parece igualmente insoportable la idea de vuestra desigualdad, de vuestra inferioridad respecto a él.* ¿Por qué todo para él y nada para vosotros? ¿Por qué él todopoderoso y vosotros impotentes? ¿Por qué él puede tomar todo lo que os pertenece, si le place: vuestras esposas, vuestra madre, vuestras hermanas, vuestras hijas, vuestros rebaños, vuestra tierra... en tanto que vosotros sólo podéis inclinaros ante la expresión de su voluntad? ¡Es injusto!, exclamáis. Eso no es una alianza entre iguales, es una esclavitud. No es un contrato, es un *diktat*...

« *Y he aquí que surge en vuestrá alma,* en los bajos fondos de vuestra conciencia colectiva, esos barrios por los que uno no osa aventurarse cuando ha caído la noche, *ese sueño indecible, monstruoso, de hacerle desaparecer de un modo u otro, de sustituirle, de ser como él, de ser Dios.*

« No tardasteis mucho en transformaros de Adán en Caín, en matar a Abel, es decir, al mejor de entre vosotros, aquel cuya ofrenda había sido aceptada...

« Al tiempo que proclama la existencia- de un Dios único para el universo, el judío se obstina en querer captar a ese Dios para él, en excluir a todos los demás de la alianza... »

(F. Fejto: *Dios y su pueblo,* pp. 104 a 109, Bernard Grasset, París, 1960).

Por su parte, Bernard Lazare escribe:

« *Sin la ley, sin Israel para practicarla, el mundo no existiría, Dios lo haría volver a la nada; y el mundo sólo conocerá la felicidad cuando quede sometido al imperio universal de aquella ley, es decir, al imperio de los judíos.* Por consiguiente, el pueblo judío es el·pueblo elegido por Dios como depositario de su voluntad y sus deseos; es el único con el cual la Divinidad ha hecho un pacto, es el elegido del Señor ».

« Israel está colocado bajo el ojo mismo de Jehová; es el hijo predilecto del Eterno, el único que tiene derecho a su amor, a su benevolencia, a su protección especial, y los otros hombres están situados por debajo de los hebreos; sólo por compasión tienen derecho a la munificencia divina, porque sólo las almas de los hebreos descienden del primer hombre. Los bienes que son entregados a las naciones pertenecen en realidad a Israel ».

"Esa fe en su predestinación, en su elección, desarrolló en los judíos un inmenso orgullo. Llegaron a considerar a los no-judíos con desprecio y a menudo con odio, cuando a los motivos teológicos se mezclaron motivos patrióticos».

(B. Lazare: *El antisemitismo*, pp. 50-51-52).

Una segunda consecuencia, no menos grave, es secuela del paso de la Torah al Talmud; en efecto, contrariamente a una opinión extendida de un modo deliberado en los medios judíos y filosemitas, y que ha falseado por completo el problema de las relaciones del Judaísmo y del Cristianismo, uno y otro no reposan ya, desde entonces, sobre un libro común; en efecto, son cada vez más extraños el uno para el otro.

"El cristianismo no ha sido una pequeña secta judía que ha triunfado, como pretenden los rabinos. Ha realizado al judaísmo en toda su pureza y su grandeza verdaderas. Al desnacionalizarlo, lo ha convertido en universal y humano, de acuerdo con las esperanzas de los profetas. Jesús, hombre de Dios, incomparable e inigualado, ha podido ser aceptado como Mesías, conforme a la escatología y al mesianismo de Israel. Si los cristianos han reconocido al mismo Dios en ese hijo de Israel, ¿pueden quejarse de ello los judíos? Desde hacía dos mil años, el judaísmo contenía en espíritu el germen del cristianismo. El profetismo señalaba ya un cristianismo en gestación. El alumbramiento era inevitable. Al vaciarse de stifruto, el judaísmo reseco se replegó sobre sí mismo, en un aislamiento moroso, altanero y estéril. Renunció a todo proselitismo y se proclamó religión nacional de una pequeña fracción del pueblo judío.

«Por paradójico que pueda parecer, tanto para los cristianos como para los judíos, el cristianismo fue el que realizó la verdadera religión de Israel. La que actualmente practican los judíos es una religión posterior a la aportación evangélica, establecida por los doctores de la Ley, sobre una Biblia interpretada al margen de la revelación. En tanto que el Judaísmo de los profetas se enriquecía con el mensaje de Jesús, el de los rabinos se abismaba en el Talmud». (Dr. A. Roudinesco: *Le Malheur d'Israel,* p. 140).

«El Judaísmo de la Diáspora, llamado helenístico, quien representaba las nueve décimas partes de los judíos del· imperio, liberado de la obligación de la circuncisión, desnacionalizado, amplio de espíritu, y acogedor, desapareció alrededor del siglo V, probablemente por fusión con el cristianismo. Alejado de Jerusalén, no se vio demasiado afectado por las catástrofes de los años 70 y 133. Después de la desaparición del culto oficial de Jerusalén, los judíos palestinos consideraban a los judíos dispersos como sospechosos desde el punto de vista de la estricta ortodoxia. La ruptura entre el Judaísmo de la Diáspora y el Judaísmo rabínico fue obra de los fariseos, de los escribas y de los doctores de la Ley. *A partir del siglo II, los rabinos de Babilonia y de Galüea elaboraron un código religioso, político p y social conocido por el nombre de Talmud. Ese libro regulaba la vida de israelita de acuerdo con un espíritu distinto al de los profetas y al de la Biblia.* Si hubiesen existido graves divergencias entre el Antiguo y el Nuevo Testamento, los cristianos no hubieran conservado los dos textos, uno como continuación del otro. Al rechazar el Evangelio, los rabinos se vieron obligados a interpretar de nuevo el texto de la antigua Biblia. Llevaron a cabo ese trabajo con unas tradiciones orales más o menos conformes con los textos antiguos: la Mishna y la Gemara. De aquella compilación nació una nueva Biblia; la antigua quedó para los cristianos. El Talmud está contenido en once gruesos volúmenes. Ese libro funesto, en gran parte ininteligible, triste pavesa del Judaísmo de los profetas, no representa un enriquecimiento para el espíritu humano (Salomón Reinach). El objetivo del Talmud fue el de salvar lo que quedaba de Israel sin absorber por el cristianismo... El antiguo tesoro espiritual de los profetas fue abandonado por los rabinitas.

« En tanto que el cristianismo se enriquecía con las aportaciones de Orígenes, de Clemente de Alejandría, de San Jerónimo y de San Agustín, el Judaísmo se empobrecía con el Talmud.

« *El Talmud, al imponer sus tendencias a todo el nuevo judaísmo, ha labrado la desgracia del pueblo judío hasta nuestros días* ».

(Dr. A. Roudinesco: Ob. cit., pp. 25-26).

Capítulo VI

El problema de las falsas conversiones

La Iglesia católica no es racista y sólo le importa la fe religiosa. A sus ojos, un judío convertido es un cristiano que goza de la plenitud de los derechos de miembro de la Iglesia.

«Mediante el bautismo, se ingresaba con todos los derechos en la comunidad cristiana, sin ninguna restricción. La conversión de los judíos era no solamente deseada, sino solicitada. Convertidos, eran acogidos con alegría; toda segregación desaparecía. Actualmente, el judío no es ya deseado ni solicitado; nuestro antisemitismo nacional y racista es mucho más exclusivo».

(Dr. A. Roudinesco: *Le Malheur d'Israel*, pp. 42-43).

«El nacionalismo moderno, habiendo reconocido en cada nación unos caracteres específicos rígidos, se ha negado a ver en el judío algo más que un extranjero del interior, un apátrida y un cosmopolita. No ha hecho ninguna discriminación entre el judío asimilado y el judío apegado a su tradición nacional. El antisemitismo de nuestra época es menos lógico que el de la Edad Media, el cual se basaba en un reproche religioso indiscutible, y no en hipótesis indemostrables y en ideas nebulosas.

« En su calidad de extranjero, el judío debe ser rechazado, ya que el nacionalismo es al mismo tiempo xenófobo ».

(Dr. A. Roudinesco: Ob. cit., p. 76).

La actitud de la cristiandad medieval está admirablemente resumida en el llamamiento que el obispo de Clermont-Ferrand, Saint Avit, dirigió a los judíos:

> « *Quedaos con nosotros para vivir como nosotros o marchaos lo antes posible; devolvednos esta tierra en la que vosotros sois extranjeros; libradnos de vuestro contacto o, si os quedáis aquí, compartid nuestra fe* ».

(F. Lovsky: *Antisemitismo y Misterio de Israel*, p. 182).

Los judíos que no querían marcharse y que se negaban obstinadamente a convertirse, replicaron utilizando un método tortuoso y envenenado que dejó amargos recuerdos y una sorda y profunda inquietud: el *Marranismo*. Aplicado en gran escala en España, envenenó de modo permanente las relaciones entre judíos y no-judíos.

He aquí lo que dice de él un escritor que ha consagrado dos obras sumamente interesantes al estudio del problema judío: M. Massoutié.

« Entre las diversas actitudes adoptadas por el judaísmo con respecto a las otras religiones, la más extraordinaria de todas, la que deja profundamente absorto al historiador, hasta tal punto resulta extraño semejante fenómeno, es, indiscutiblemente, lo que llamaremos *el Marranismo*. He aquí cómo se expresa Werner Sombart a propósito de él: « La súbita multiplicación de falsos paganos judíos, de falsos musulmanes judíos, de falsos cristianos, constituye un fenómeno tan extraordinario, tan único en la historia de la humanidad, que uno queda asombrado y estupefacto cada vez que tiené ocasión de profundizar en él».

(L. Massoutié: *Judaísmo e Hitlerismo*, p. 97, Editions de la Nouvelle Revue Critique, París, 1935).

«Los *Marranos* eran judíos españoles convertidos en apariencia al cristianismo. A partir de 1391, según Graetz, y a raíz de las persecuciones religiosas, numerosos judíos españoles adoptaron la decisión de abrazar la religión católica; no inventaban nada, desde luego, ya que mucho antes que ellos sus antepasados de la dispersión habían recurrido ya a esa estratagema, sea para escapar a las persecuciones, sea por motivos inspirados en intereses puramente materiales».

(L. Massoutié: Ob. cit., p. 99).

«Los *Marranos*, aunque practicaban ostensiblemente el catolicismo, seguían en secreto todos los ritos del judaísmo, al cual permanecían profundamente apegados. El pueblo español no se dejaba engañar acerca de la sinceridad religiosa de aquellos nuevos cristianos. Sospechaba de ellos con razón, y les llamaba *Marranos*. Cosa extraordinaria, y que confieso no haber llegado a comprender, los *Marranos* no se limitaban a someterse con ardor a las leyes de la Iglesia; iban más lejos aún, y llevaban el disimulo hasta sus límites extremos, hasta el punto de que muchos de ellos no vacilaban en ingresar en las órdenes religiosas, a lo cual no les obligaba nadie, y se hacían monjes o religiosas. Más aún, *había sacerdotes e incluso obispos que eran* Marranos; *si no nos lo dijeron a los propios historiadores judíos, no nos atreveríamos a creerlo.*

«Se comprende la cólera del pueblo español al descubrir semejante hecho. A raíz de tal descubrimiento fue creada la Inquisición española».

(L. Massoutié: Ob. cit., pp. 100-101).

«La lucha entre la Inquisición y los *Marranos* se desarrolló en la sombra durante varios siglos; lucha inaudita, nos dice Graetz, y sin ejemplo, donde el disimulo y la perseverancia oponían todos sus recursos a la delación y a la crueldad».

(L. Massoutié: Ob. cit., p. 103).

«El Protestantismo tuvo también sus *Marranos*. Los cripto-judíos eran numerosos entre los refugiados protestantes del siglo XVII, en la época de la revocación del Edicto de Nantes, nos dice Werner Sombart. Si penetramos en Alemania, podemos clasificar entre los *Marranos* protestantes al célebre poeta Enrique Heine. Por extraordinario que eso pueda parecer, he aquí cómo habla Graetz de Heine y de su correligionario Louis Boerne, ambos convertidos al Protestantismo. Cito el párrafo de la *Historia de los Judíos,* tomo XI, página 368, que no aparece traducido en la versión francesa de Moise Bloch: *«No se separaron del Judaísmo más que en apariencia, como combatientes que adoptan la armadura y la bandera del enemigo para atacarle con más seguridad, para aniquilarle con más vigor».* ¿Qué pensar de semejante actitud por parte del delicado autor del *Intermezzo,* del escritor lleno de inspiración de los *Reiserbilder?*».

(L. Massoutié: Ob. cit., p. 105).

«En un pasaje de su *Historia de los judíos,* Graetz nos habla «de los Marranos españoles y portugueses que, bajo la máscara cristiana y bajo el hábito de monje, mantuvieron en su corazón, con celoso cuidado, la sagrada llama de la religión paterna y minaron los cimientos de la poderosa monarquía católica».

«Si es completamente natural que un judío no abandone su religión e incluso que conserve el culto de su raza y de sus antepasados, al tiempo que se comporta como un leal ciudadano de su país de adopción, no se comprende que, disimulado bajo la máscara francesa o alemana, por ejemplo, la aproveche para minar las instituciones y las costumbres de su nueva patria, en una palabra, para destruirlo todo. «Si el judío moderno tuviera que practicar en el plano nacional lo que los *Marranos* hicieron antaño en el plano religioso, resultarían de ello calamidades sin cuento para Israel. Los nacionalismos exasperados se lanzarían a un antisemitismo feroz y se crearía automáticamente una nueva Inquisición, de otro tipo, desde luego, pero·quizá más terrible que la de Torquemada.

«En mi opinión, si en el futuro Israel quiere evitar las peores catástrofes, debe actuar a rostro descubierto. Desgraciadamente, el disimulo es en él una actitud milenaria, e incluso los escritores más filosemitas, tales como Anatole Leroy-Beaulieu, se han visto obligados a reconocerlo».

(L. Massoutié: Ob. cit, pp. 114-115).

Capítulo VII

Tentativas históricas de asimilación y su fracaso

Toda la actitud oficial del Occidente moderno con respecto a los judíos está basada en la afirmación de que el judío es un leal ciudadano del país en el cual reside y que se asimila perfectamente a él. Un judío alemán, francés o inglés está considerado como un alemán, francés o inglés de religión israelita.

El principio mismo de la asimilación, con su corolario: los matrimonios mixtos, resulta igualmente sospechoso en los dos campos. Muchos occidentales se oponen ferozmente al mestizaje de su raza mediante la aportación de sangre judía.

Las siguientes afirmaciones de Wickham Steed y del rabino Alfred Nossig no están destinadas a tranquilizarles, precisamente:

> « El carácter de la raza judía tiene tanta fuerza, que la huella judía persistirá durante generaciones en las familias no-judías en las cuales ha entrado una vez la sangre judía ».

(Wickham Steed: *La Monarquía de los Habsburgo*).

« Podemos hablar de una judaización biológica del mundo civilizado... la más pequeña gota de sangre judía influye sobre la fisonomía espiritual de familias enteras durante una larga serie de generaciones...»

(Dr. Alfred Nossig: *Integrales Judentum*).

Pero, en realidad, el judío no se asimila, o se asimila muy lentamente y con mucha dificultad. Todos los especialistas que han estudiado ese aspecto del problema, Judíos o no-judíos, se muestran unánimes acerca de ese extremo; al menos, cuando son de buena fe, ya que la actitud de los dirigentes del judaísmo está llena de ambigüedad: exigen para los miembros de su comunidad· los plenos derechos de ciudadanía, pero al mismo tiempo hacen todo lo que pueden para conservar la integridad y los rasgos específicos judíos.

He aquí lo que nos dice a ese respecto Wickham Steed:

« Los judíos poseen una notable facultad de adaptación al medio, es indiscutible; pero queda por comprobar si, con toda su astucia y su voluntad obstinadamente tendida hacia el objetivo inmediato, son capaces de adaptarse interiormente.

« Una experiencia y una observación que se extienden ahora sobre más de veinte años en Alemania, Francia, Italia y Austria-Hungría, me inclina a contestar a ese interrogante con una negativa ».

(Wickham-Steed: *La Monarquía de los Habsburgo*, p. 260).

Esa huella (judía) puede producir la belleza o el genio o, por el contrario, aportar el desorden espiritual tan frecuente en las familias judías de las clases elevadas ».

(Wickham-Steed: Ob. cit., p. 264).

El escritor judío norteamericano Ludwig Lewisohn es todavía más claro:

«Bajo el impulso de las ideas liberales de 1789 se creyó sinceramente que el judío podía asimilarse. Después de más de un siglo de esfuerzos, nos vemos obligados a confesar que la tarea es imposible...»

(Ludwig Lewisohn: *Israel*, Benn, Londres, 1926).

Y añade, en una página que lleva la huella de la especie de fatalismo trágico que impregna las ideas y los actos de Israel:

«La Revolución francesa sobrevino y gradualmente, muy gradualmente, aquí y allá, las puertas del *Ghetto* se abrieron. El desprecio, la esclavitud, las leyes restrictivas, los impuestos particulares subsistieron. Los derechos cívicos no fueron concedidos a los judíos de Inglaterra hasta 1832, y a los judíos de Prusia hasta 1847. Esa concesión y los gestos similares, más o menos sinceros que se realizaron en otras partes antes o después, fueron considerados como capaces de borrar la historia, la vida propia y las costumbres de un pueblo que existía desde hacía tres mil años.

«Ese fue el error de los Gentiles; ese fue el error del desdichado partidario de la asimilación; unos y otros fueron inducidos a, error por el caso único ofrecido por la posición de la nación judía. La idea de nación se relaciona con la de tierras, ejércitos, potencia... La existencia, continuada de la Judería, desde la cautividad de Babilonia hasta la Revolución francesa, es decir, durante casi dos mil trescientos años, demuestra que existe una nación desprovista de esos atributos tradicionales».

«Lo mismo que el inglés, el francés o el alemán, el pueblo judío es una mezcla de razas. Lo mismo que la sangre celta, sajona, latina y pre-aria, o según otro sistema de diferenciación la nórdica, la alpina, la mediterránea, vuelve a encontrarse en esos mismos pueblos, los judíos, en el curso de su historia formidablemente larga, han experimentado la mezcla de las razas. El proceso histórico modela los pueblos con la ayuda de fuerzas que escapan a nuestro conocimiento. Los judíos difieren entre ellos tan claramente como un alemán del Tirol de un habitante de Schleswig, como un provenzal de un morando, como un criollo de un nativo de Vermont.

Siguen siendo judíos, lo mismo que los citados, a pesar de las divergencias de tipos y de comarcas, siguen siendo alemanes, franceses o americanos. Una tendencia profunda y permanente hacia una norma exterior o interior, un tipo, una reunión de caracteres, subsiste. Doquiera que esa evidente realidad no ha sido borrada artificialmente, es más poderosa que nunca.

«Los últimos *Marranos* que subsistían en España declaradamente españoles y católicos, han dirigido una petición al gran rabinado de Jerusalén, con vistas a una reintegración oficial al seno del pueblo judío».

(Ludwig Lewisohn: Ob. cit.)

«*La asimilación sería el milagro, la ruptura en la cadena eterna de la causalidad... nuestro judío asimilado puede no pensar nunca una idea judía ni leer un libro judío, pero en el carácter esencial de todas sus pasiones así como de todos sus actos, continuará siendo judío.*

«*Su asimilación es imposible.* Es imposible porque el judío no puede cambiar su carácter nacional: no puede, aunque lo desee, abandonarse a sí mismo, más de lo que pueda hacerlo cualquier otro pueblo.

«Haga lo que haga, es judío. Continúa siendo judío. La mayoría ha descubierto ese hecho, como lo hará él tarde o temprano. Los gentiles y los judíos se dan cuenta de que no existe una salida. Los dos creyeron en una salida. No hay ninguna. Ninguna...»

(Ludwig Lewisohn: Ob. cit.)

Y, más recientemente todavía, he aquí lo que ha escrito el Doctor Roudinesco:

«La lucha contra el antisemitismo en el terreno religioso debe ser estimulada. ¿Es aún el mundo lo bastante cristiano como para oír semejante mensaje? El sentimiento religioso ha persistido en determinados países tales como España, Irlanda, Canadá e Italia, países en los cuales se encuentran pocos judíos. Desgraciadamente, el problema judío ha sobrepasado desde hace mucho tiempo el marco religioso, y el antisemitismo nacionalista y racista está edificado sobre unas bases más difíciles de eliminar. Por otra parte, un acercamiento en el terreo religioso tropieza con la desconfianza de la Sinagoga, donde persiste el temor a las conversiones».

(Dr. A. Roudinesco: *Le Malheur d'Israel,* p. 190).

«La emancipación legal y la asimilación han fracasado. Los judíos más asimilados del mundo eran los judíos alemanes, y en Alemania, precisamente, el furor antisemita llegó al extremo».

«El problema de la asimilación es muy complejo. ¿Es factible una asimilación total, con el mantenimiento de una religión y de una tradición de carácter nacional y separatista? ¿Hasta qué punto es asimilable el judío? Las opiniones están muy divididas entre los propios judíos».

«Existen, finalmente, casos de especie que escapan a toda clasificación. La asimilación no ha desarmado al antisemitismo. Los judíos asimilados son todavía menos tolerados que los otros. El fracaso de la asimilación es lo que ha abierto el camino al Sionismo».

(Dr. A. Roudinesco: Ob. cit., p. 191).

En la Rusia soviética, la asimilación ha fracasado rotundamente a pesar de la desenfrenada propaganda de los partidos de izquierda que proclamaban que únicamente el marxismo traería la solución definitiva al problema del antisemitismo en el mundo. Es lo que afirmaba, entre otros, J. P. Sartre, en un libro de una pobreza inefable, titulado *Reflexiones sobre la cuestión judía*.

«El antisemitismo es una representación mítica y burguesa de la lucha de clases y no podría existir en una sociedad sin clases.

«En una sociedad cuyos miembros son todos solidarios, porque todos están comprometidos en la misma empresa, no habría lugar para él. En efecto, el antisemitismo manifiesta cierta relación mística y participacionista del hombre con su «bien», resultado del régimen actual de la propiedad. En una sociedad sin clases y basada en la propiedad colectiva de los instrumentos de trabajo, cuando el hombre, liberado de las alucinaciones del trasmundo, se lanzará finalmente a su empresa, que es la de hacer existir el reino humano, el antisemitismo no tendrá ya razón de ser: se le habrá cortado en sus raíces».

(J. P. Sartre: *Reflexiones sobre la cuestión judía*, pp. 184-185, Gallimard, 1954).

Hay que reconocer que no ha ocurrido nada de eso. Es lo que .reconoce F. Fejto en su obra: *Los judíos y el antisemitismo en los países comunistas,* en la cual publica la carta dirigida el 20 de septiembre d 1957 por un judío de Moscú a un periódico neoyorquino, a propósito del Festival de *Moscú,* y que a continuación extractamos:

> «La teoría de los partidarios de la asimilación (que son unos ilusos, o unas personas sin escrúpulos), según la cual la antigua tradición de los judíos está muerta y enterrada, los judíos se han mezclado por completo con los rusos para el mayor beneficio material de unos y otros y, en consecuencia, no necesitan su propia cultura, ha estallado como un globo demasiado hinchado, aunque a decir verdad su fragilidad siempre fue evidente».

> «¿Se contentan los judíos con la cultura rusa, de la cual pueden gozar libremente y a voluntad? Hoy podemos contestar sin temor a equivocarnos: No. La aspiración al arte judío, a la música judía, al idioma judío, no ha sido ahogada por veinte años de asimilación obligada. Esa necesidad se traduce en el deseo de ver y de oír a la delegación israelí, de recibir un recuerdo de Israel: una flor, un emblema, una etiqueta, un paquete de cigarrillos...»

> «Si interrogáis a un judío acerca de lo que opina de las consecuencias de este Festival, os contestará sin duda alguna que las represalias están previstas: lo único que se desconoce es la forma que adoptarán. Se temen las imprudencias, y sin embargo los judíos se reúnen en los lugares donde han de tener efecto los conciertos, empujados por una fuerza que nace en el corazón de todo ser humano: la aspiración a la propia cultura nacional"

(F. Fejto: *Los judíos y el antisemitismo en los países comunistas,* p. 225. Pion, París-1960).

En ocasión de una conferencia que F. Fejto pronunció en Bruselas, en septiembre de 1958, sobre esa cuestión, urto de los jóvenes oyentes tomó la palabra y le dijo, entre otras cosas:

> « *La asimilación, es decir, la integración a la comunidad socialista en un plano de completa igualdad, aparece como muy difícil, si no imposible. La asimilación es un fracaso;* desde el primer momento fue un proyecto imposible de realizar: el comunismo no podría imponerlo más que el liberalismo burgués; para el judío, pues, no queda otra salvación más que Israel, el retorno a las tradiciones judaicas, a la Tierra Prometida, la reconstrucción de la nación...

(F. Fejto: Ob. cit., p. 253).

Ese fracaso resulta tanto más impresionante por cuan to el régimen soviético debió su éxito inicial a los revolucionarios judíos internacionales, y judíos fueron los dueños de Rusia hasta su progresiva eliminación de los puestos de mando por Stalin y sus sucesores.

Una inexorable fatalidad parece pegada a los judíos como una túnica de Neso; incomparables en el arte revolucionario de disgregarlo y de destruirlo todo, son impotentes para crear. Un proceso que nos describe de un modo impresionante Elie Faure:

> « Su misión histórica está claramente definida, y quizá para siempre. Será el factor principal de toda época apocalíptica, como lo fue al final del mundo antiguo, como lo es al final -que estamos viviendo del mundo cristiano. En esos momentos se encuentra siempre en primera línea, para derruir el viejo edificio y para señalar el terreno y los materiales del que debe reemplazarle. Ese dinamismo es el que condiciona su grandeza extraordinaria y quizá también, hay que confesarlo, su aparente impotencia ».

«*El judío destruye toda ilusión antigua, y si participa más cualquiera -como antaño San Pablo y hoy Carlos Marx- en la edificación de la nueva ilusión, introduce fatalmente en ella, precisamente por su sed eterna de verdad que sobrevive siempre a las realizaciones políticas y religiosas, el gusano que la minará.* El patriarca que antaño, aceptó conducir la conciencia humana hacia la tierra prometida a través de los abrasados espacios del conocimiento, estuvo a punto de soltar aquel pesado fardo».

(Elie Faure: *El problema judío visto por veintiséis eminentes personalidades*, p 97, E.I.F., 186, Fg. St. Martín, París-1934).

Y en otro párrafo del mismo capítulo., el literato judío incluye las siguientes líneas:

« A pesar de los elementos de esperanza que acumula en silencio, *¿puede considerarse al judío como a algo más que un demoledor,* armado de la duda corrosiva que siempre ha enfrentado a Israel con el idealismo sentimental de Europa a partir de los griegos? »

(Elie Faure: Ob. cit., p. 91).

¿Es acaso el Sionismo la solución del problema?

No, responde el Dr. Roudinesco:

« El hogar nacional en Palestina no resuelve el problema judío. En realidad, representa un nuevo peligro para el judaísmo. Constituye una cruel impugnación del idealismo de los judíos liberales que, desde la época de Moisés Mendelssohn han desplegado tantos esfuerzos para asimilarse, así como del heroísmo de todos los judíos que han derramado su sangre en los campos de batalla para demostrar su lealtad a sus patrias de adopción.

« *Después de haber luchado contra el nacionalismo y el racismo, los judíos se declaran en Israel una nación y una raza aparte. El Sionismo triunfante consolido todo lo que el antisemitismo moderno nacionalista y racista ha edificado desde hace casi un siglo. Es el mayor error que ha cometido .el judaísmo, después de la negación de Cristo.* A partir de ahora, todo judío tendrá una patria hacia la cual se le podrá rechazar sin que pueda alzar la menor protesta válida. Reivindicar Tierra Santa como una patria real es tanto más ilógico por cuanto la historia nos enseña que apenas un judío de cada diez puede considerarse descendiente, de los judíos palestinos, y que la Tierra Prometida no ha albergado, desde los tiempos más remotos, más que a una pequeña fracción de la población judía del mundo. Si sólo se tratara de una patria espiritual, Jerusalén hubiera podido representar para los creyentes lo que la Roma vaticana representa para los católicos ».

(Dr. A. Roudinesco: *Le Malheur d'Israel,* p. 183).

« El Gobierno israelí se erige en protector de los judíos del mundo entero. Attica 1ª legación de Checoslovaquia durante el proceso Slansky. Se manifiesta delante de los locales norteamericanos en favor de los esposos Rosenberg y rompe sus relaciones diplomáticas con los soviets a raíz del proceso de los médicos de bata blanca. Reivindica a todos los miembros del judaísmo que viven fuera de sus pequeñas fronteras, sin consultarles y a pesar suyo. Practica una política de discriminación racial contra ciento cincuenta mil árabes que viven en Israel en un barrio especial, contrariamente a lo estipulado en la declaración Balfour, que había exigido que no se atentara contra los derechos de las comunidades no judías de Palestina ».

« La solución Sionista no resuelve ninguna de las dificultades del problema judío; acarrea un enorme perjuicio al judaísmo disperso y lleva agua al molino de los antisemitas.»

(Dr. A. Roudinesco: Ob. cit., pp. 184-185).

«El futuro del pequeño Estado palestino está lleno de amenazas. Todos los historiadores saben que Tierra Santa en el punto más neurálgico del mundo. Allí se representó el mayor drama de la Humanidad. Todos los imperios se han disputado aquellos lugares sagrados. La Cruz y la Media Luna se enfrentan allí desde hace siglos. Los Cruzados dejaron allí sus huesos para beneficio exclusivo de los comerciantes venecianos. Las mayores potencias tienen los ojos clavados en Tierra Santa, sobre la cual sé cruzan las más importantes rutas comerciales y estratégicas del mundo a través de los terrenos petrolíferos más disputados».

(Dr. A. Roudinesco: Ob. cit., p. 185).

«La cuestión judía no es únicamente de orcien moral, sino que representa un problema social y político de repercusiones incalculables. El caso Dreyfus dividió y debilitó a Francia. Sin el antisemitismo, Hitler no hubiera triunfado en Alemania y la Segunda Guerra Mundial, que ha costado la vida a sesenta millones de hombres, hubiese podido ser evitada.

«*A pesar de todas las previsiones, la emancipación legal, la asimilación, la sangre judía vertida en los campos de batalla se han revelado coma ineficaces. El antisemitismo ha persistido y se ha intensificado. El destino de Israel continúa sellado por la desgracia*».

(Dr. A. Roudinesco: Ob. cit., p. 177).

En la práctica, y a pesar de las bellas profesiones de fe democráticas, la asimilación tropieza con dificultades casi insuperables. .

Por otra parte, los jefes espirituales del Judaísmo mundial se oponen ferozmente a toda tentativa de asimilación bajo sus diferentes formas: integración nacional matrimonios mixtos, conversiones, etc.

Así, en su libro *¿Qué es el Judaísmo?*, D. Pasmanik escribe:

« *Hay que escoger: la vida o la muerte. La muerte es la asimilación consciente, sistemática, voluntaria. Pero nunca habrá todo un pueblo que se decida a proclamar que la muerte es su objetivo vital.* Sobre todo cuando ese pueblo comprueba que sus valores nacionales han conservado su vitalidad ».

En una reciente obra consagrada al Antisemitismo, Josué Jéhouda se muestra también categórico:

« *La asimilación conduce al suicidio colectivo de Israel.* Según la frase de A. Spire, ha convertido al pueblo judío en « una polvareda de individuos », destinada a la desaparición, incluso sin los golpes en masa del antisemitismo Si el sionismo político, nacido de la reacción contra el antisemitismo, no hubiera despertado la antigua nostalgia mesiánica de Israel, el Judaísmo emancipado habría desaparecido en el anonimato de los pueblos. Una vez más, el mesianismo que lleva en su seno el pueblo judío le ha salvado de un desastre total. La asimilación es el proceso de despegue gradual de los judíos del patrimonio espiritual de Israel. Procede de una falsa interpretación de la Revolución francesa, la cual devolvió a los judíos la dignidad del hombre sin haber abolido el ostracismo en lo que se refiere a la doctrina religiosa del Judaísmo ».

(Josué Jéhouda: *El antisemitismo, espejo del mundo*, p. 255).

Por su parte, la Conferencia de los rabinos europeos, celebrada en 1960 en Inglaterra, adoptó la siguiente moción:

« *Consideramos nuestro deber advertir a nuestra comunidades y a cada uno de los hijos y de las hijas del pueblo judío contra el terrible mal de los matrimonios mixtos que destruyen la integridad del pueblo judío y quebrantan la vida familiar judía* ».

(Citado por Rabi en: *Anatomía del Judaísmo francés*, pp. 259-260).

Esa prohibición dictada contra la asimilación se extiende a todos los detalles de la vida cotidiana, tal como nos lo demuestra J. Madaule, .presidente de las Amistades judeo-cristianas internacionales:

« Al judío no le está permitido adoptar el vestido y el idioma de aquellos entre los cuales se encuentra disperso, si no es a condición de *permanecer judío en su corazón y no renunciar a aquella singularidad misteriosa que le distingue de los otros hombres* ».

(J. Madaule: *Los judíos y el mundo actual*, p.23).

En marzo dé 1964, el Dr. Goldmann, presidente de la Organización Sionista Mundial, atrajo la atención de los judíos sobre los peligros de la asimilación.

He aquí la gacetilla de André Scemamat aparecida en *Le Monde*:

« Jerusalén, 17 de marzo de 1964. - El Dt. Nahum Goldmann pronunció el pasado lunes, en Jerusalén, su primer discurso en calidad de ciudadano del Estado de Israel. En efecto, el hombre que desde hace muchos años preside los destinos del movimiento sionista mundial acaba de adquirir la nacionalidad israelí y desembarcó como inmigrante, la pasada semana, en el aeropuerto de Tel-Aviv.

« El lunes abrió la sesión del Comité de Acción sionista, que es el congreso restringido de la Organización sionista mundial. Subrayó una vez más que el peligro más grave que amenaza en la actualidad al pueblo judío como tal no es ni el antisemitismo ni la discriminación económica, sino el liberalismo de nuestra época, que hace posible la asimilación de los judíos a los medios en los cuales viven.

« *La asimilación se ha convertid o en el peligro número uno desde que abandonamos los Ghettos y los Mehalls,* afirmó el Dr. Goldmann ».

(*Le Monde*)

En diciembre de 1964 se celebró en Jerusalén el XXVI Congreso del Movimiento Sionista Mundial. Nuevamente, el Dr. Golmann puso a los congresistas en guardia contra el peligro de la asimilación; el enviado especial de *Le Monde*, M. André Scemamat, remitió desde allí la información que a continuación extractamos:

« Jerusalén, 31 de diciembre.-El Movimiento Sionista Mundial, que dio nacimiento al Estado de Israel, ha celebrado en Jerusalén su vigésimo sexto Congreso. Quinientos cuarenta delegados, representando a las federaciones sionistas de treinta y un países, entre ellos Francia, que cuenta con dieciséis delegados.

« ... Frente a los dos millones y medio de judíos que viven actualmente en el Estado de Israel, cerca de trece millones puebian todavía las comunidades dispersas por el mundo.

«... Pero esta reunión tiene una extraña particularidad: la de que trescientos cincuenta delegados (de un total de quinientos cuarenta) son sionistas que no han elegido vivir en el Estado de Israel.

«La verdadera preocupación de los dirigentes sionistas, por otra parte, no es tanto la de atraer hacía Israel a los judíos dispersos como la de defender la existencia de la personalidad judía amenazada con desaparecer en la comodidad de un exilio considerado como demasiado liberal. En su discurso de apertura, M. Nahum Goldmann, Presidente de la Organización Sionista Mundial., habló del peligro en los siguientes términos:

"Vivimos en una época en que una parte importante de nuestro pueblo, y especialmente sus jóvenes generaciones, está amenazada por un proceso de desintegración, y no por el hecho de una teoría o de una ideología consciente, sino a causa de la vida cotidiana, por falta de una fe que mantiene la conciencia judía y señala a cada uno por qué tiene que continuar siendo judío. Si ese proceso no es detenido, amenazará la perennidad judía mucho más de lo que la persecución, la inquisición, los *pogroms* y las exterminaciones le han amenazado en el pasado». *(Le Monde,* del 1 de enero de 1965).

CAPÍTULO VIII

UN ESTADO DENTRO DEL ESTADO

Con su negativa a convertirse y su imposibilidad de asimilarse verdaderamente, los judíos, en su conjunto, «dondequiera que vivan y él, su calidad de minoría en el seno de, las naciones, constituyen un Estado dentro del Estado, «un verdadero imperio dentro de los imperios, *imperium in imperiis* »[4] incluso cuando gozan de la plenitud de los derechos- de ciudadanía.

«No de ahora, sino desde el comienzo de su existencia, *los judíos están considerados como un cuerpo extraño, una espina en la carne de la humanidad. En el transcurso de los milenios ha resultado imposible eliminarlos por medio de la fuerza bruta·o asimilarles por medio de la dulzura*».

Memorándum de la Comisión Teológica de la Obra Evangélica Suiza, octubre de 1938. Citado por Jules Isaac: *Génesis del antisemitismo*, p. 29).

«*Los judíos de la Diáspora, aunque dispersos sobre tres continentes, en el corazón de tres civilizaciones, no formaban más que un solo pueblo unido por su religión, su idioma y su ley. Se organizaron en «Estado dentro del Estado» con la autorización de los gobiernos de los países en los cuales vivían*».

---

[4] Wickham-Steed: La Monarquía -de los Habsburgo, p. 276.

Max I. Dimont: *Los judíos, Dios y la Historia.* p. 278).

Incapaz de arraigarse, Israel vive entre los pueblos como un extranjero. El Judaísmo que profesa le separa del mundo por su religión, su nacionalismo, sus tradiciones:

> « Por su nacionalismo, el Judaísmo se separa a sí mismo del mundo exterior, creando automáticamente su *ghetto* étnico y cultural. *Por eso resulta imposible ser a la vez judío y ciudadano de otra nacionalidad ».*

(Koestler, citado por Josué Jéhouda: *El antisemitismo, espejo del mundo,* p. 268).

A continuación vamos a dar tres ejemplos concretos de esa voluntad de los judíos de vivir al margen de las naciones, correspondientes a tres épocas muy distintas.

En primer lugar, abramos la Biblia por el Libro de Ester. La escena tiene lugar en el siglo V antes de Jesucristo. En el capítulo XIII, versículos 4 y 5, leemos la carta dirigida por Artajerjes (Asuero) a todos los gobernadores de las provincias:

> « (Nuestro ministro Amán) Nos ha hecho saber que hay un pueblo disperso por toda la tierra, sometido a nuevas leyes y que, oponiéndose a las costumbres de las otras naciones, desprecia los mandatos de los reyes y perturba con su disensión la unión de todos los pueblos del mundo ».

F. Lovsky, en su libro *Antisemitismo y Misterio de Israel,* da de ese mismo pasaje la versión de la Biblia de Jerusalén:

> « ... Amá nos ha denunciado, mezclado con todas las tribus del mundo, a un pueblo rebelde, en oposición por sus leyes a todas las naciones, y haciendo constantemente mofa de - las órdenes reales hasta el punto de ser un

obstáculo para el gobierno que nosotros ejercemos a satisfacción de todos».

Y Lovsky continúa citando la Biblia:

«Considerando, pues, que dicho pueblo, único en su género, se encuentra en conflicto, en todos los aspectos, con la humanidad entera, de la cual difiere por un régimen de leyes exóticas, que es hostil a nuestros intereses y· que comete los peores entuertos., llegando a amenazar la estabilidad de nuestro reino;

«Por esos motivos ordenamos que to-das las personas (judías) ... serán radicalmente exterminadas... a fin de que... en adelante queden aseguradas la estabilidad y la tranquilidad del Estado».

(Libro de Ester, XIII, 4-7).

Y Lovsky añade:

«Huelgan los comentarios. ¿Acaso no hemos oído y leído, hace menos de veinte años, discursos y explicaciones similares?»

(Lovsky: *Antisemitismo y Misterio de Israel*, página 97).

Dejemos transcurrir 1.000 años. Nos encontramos en la época merovingia. Saint Avit, obispo de Clermont-Ferrand, dirigiéndose a los judíos les dice:

«Quedaos con nosotros para vivir como nosotros o marchaos lo antes posible. Devolvednos esta tierra en la cual sois extranjeros; libradnos de vuestro contacto o, si os quedáis aquí, compartid nuestra fe».

(Lovsky: Ob. cit., p. 182).

Dejemos transcurrir otros 1.500 años. Nos encontramos en la Rusia soviética. Patria del internacionalismo marxista, en cuya creación los judíos han desempeñado un papel tan importante, la U.R.S.S. no puede admitir esa forma de particularismo nacional, que en realidad encubre a un internacionalismo rival que pretende escapar a las leyes soviéticas:

> « El Estado totalitario es particularmente « alérgico » a todo sentimiento, a todo lazo « internacional » que escape a su control, a su dirección. Así, *los dirigentes soviéticos encuentran absolutamente inadmisible que unos judíos de la U.R.S.S., asimilados o no, puedan sentirse solidarios de judíos extranjeros, y que unos judíos extranjeros se crean autorizados a pedir explicaciones al gobierno soviético sobre -la serte de sus correligionarios soviéticos.* Recientemente, Suslov declaró: « Si se toca un solo cabello de cualquier judío, todos los demás empiezan a gritar en las cuatro esquinas del mundo ».

« Las dos causas principales de la política antijudía de la época de Stalin no han podido ser eliminadas:

« 1. *Se sigue tendiendo a considerar a los judíos como elemento nacional extranjero en todas las Repúblicas que forman parte de la U.R.S.S.*, aunque se finja creer que están asimilados...

« 2. Una atmósfera de suspicacia rodea a los judíos soviéticos, especialmente a causa de sus lazos sentimentales con Israel y con el resto de los judíos del mundo ».

(F. Fejto: *Los judío s y el antisemitismo en los países comunistas*, pp. 31 y 263).

Si nos atenemos a lo que dice F. Fejto, de acuerdo con una serie de testimonios que publica en el citado libro, llegamos a la conclusión de que si bien la Constitución soviética no es *explícitamente* antisemita, en la práctica la U.R.S.S. aplica a los judíos un estatuto que tiende a acercarse cada vez .más al que estaba en vigor en Europa con las Monarquías cristianas, con la diferencia de que antaño la discriminación era casi exclusivamente religiosa, en tanto que ahora *es* a la vez racial, cultural y nacional: discriminación racial con la inscripción en el pasaporte y en el documento de identidad de la palabra *Yevrei* (judío); discriminación cultural: ciertas Universidades están vedadas a los judíos; discriminación nacional con el difícil acceso a los puestos de elevada responsabilidad.

Esa discriminación va acompañada, en Rusia y en los países satélites, de una creciente tensión entre las poblaciones autóctona y la población judía, considerada como extranjera.[5]

---

[5] Según los testimonios. recogidos por F. Fejto, la situación de los judíos en la Rusia soviética, desde el advenimiento del régimen comunista, se presenta, a grandes rasgos, como sigue.
Al principio, la política de igualdad política y económica de las nacionalidades seguida por Lenin despertó una gran euforia entre los judíos y permitió la eclosión de una cultura específicamente judía. En aquella época, pudo parecer que los judíos iban a integrarse como cualquier otra entidad nacional de las diversas repúblicas soviéticas y que no plantearían ya más problemas en la U.R.S.S.
Pero los grandes procesos de Moscú, en 1937, a raíz de los cuales fueron ejecutadas numerosas personalidades judías, y, sobretodo, la ola de antisemitismo que barrió a Rusia desde 1948 a 1953 -debida sin duda al renacimiento del nacionalismo ruso durante la segunda guerra mundial-, volvieron a poner la cuestión sobre el tapete y demostraron que estaba lejos de haber quedado resuelta. La vida cultural judía fue completamente liquidada, hubo numerosas ejecuciones y deportaciones, muchos cuadros judíos fueron expulsados de las administraciones, etc.
Desde la muerte de Stalin, los judíos no son ya oficialmente perseguidos. Pero en lo que respecta a su situación exacta, las opiniones están muy divididas. Unos pretenden que los judíos gozan casi de los mismos derechos que los otros ciudadanos; otros dicen que son objeto de las discriminaciones más arriba señaladas. Esto demuestra que la cuestión depende a menudo d las autoridades locales y en especial de las diferentes repúblicas en las cuales se manifiestan de un modo creciente tendencias nacionalistas: ucranianas, bielorrusas, georgianas, etc., que se

De modo que en un intervalo de 2.500 años, en unas condiciones de razas, de costumbres, de mentalidades, de religiones distintas, para los persas paganos, los católicos de principios de la Edad Media y el Estado totalitario anticristiano del siglo XX, el problema judío se plantea en términos idénticos a los que ha tenido desde la dispersión de Israel entre las naciones.

LA JUDAIZACIÓN DEL MUNDO

« GESTA NATURAE PER JUDEOS »

Extranjero entre los pueblos, negándose a la conversión y a la asimilación, constituyendo un Estado dentro del Estado, el judío se dedica incansablemente a judaizar a las naciones.

En su libro *Los judíos y el mundo actual*, J. Madaule, después de haber demostrado que Lutero, al principio de la Reforma, tomó la defensa de los Judíos, reconoce que no tardó en cambiar de actitud en lo que a ellos respecta, ya que:

« No eran los judíos los que se convertían en protestantes, sino los protestantes los que se judeizaban. »

---

oponen a las reivindicaciones judías. A pesar de los mentís oficiales, los judíos se niegan a asimilarse y un antisemitismo latente resurge en diversas regiones de Rusia y en los países satélites, especialmente en Polonia. El malestar se acentúa en las comunidades judías, víctimas de una campaña antijudaica cuyo tono no tiene nada que envidiar a los ataques nazis: declaraciones a través de la radio, injuriosos artículos en los periódicos, que dan paso a toda clase de vejaciones bajo la impasible mirada de las autoridades locales: clausura o incendio de sinagogas, profanación de los cementerios judíos, atentados, despidos de obreros o de funcionarios judíos, incidentes destinados a provocar verdaderos principios de pogroms.

Hasta ahora, pues, la integración ha fracasado por completo en la patria del socialismo: los judíos se niegan a la asimilación y no han querido instalarse en la provincia situada al norte de la Mongolia, el Birobidjan, puesta a su disposición por Lenin. En cambio, la Rusia soviética no parece querer permitir su emigración a Israel, al que los judíos rusos consideran cada día más como a su patria cultural.

(J. Madaule: Ob. cit., p. 171).

Carlos Marx llega más lejos aún y declara:

Carlos Marx llega más lejos aún y declara:

«El judío se ha emancipado al modo judío, no sólo convirtiéndose en dueño del mercado financie*ro,* sino porque gracias a él y por él, el dinero se ha convertido en una potencia mundial, y el espíritu práctico judío en el espíritu práctico de los pueblos cristianos. *Los judíos se han emancipado en la medida en que los cristianos se han convertido en judíos* ».

«También han contribuido mucho a hacer del dinero «el medio, la medida y la finalidad de toda actividad humana».

El *Jewish Chronicle,* periódico judío inglés, publicaba lo siguiente, el 9 de, febrero de 1883:

« *El gran ideal del Judaísmo es... que el mundo entero quede impregnado de la enseñanza judía* y que, eri una fraternidad universal de las naciones - un judaísmo más amplio, en realida - todas las razas y religiones separadas desaparezcan... *Los judíos,* por su actividad en la literatura y en la ciencia, por su posición dominante en todas las ramas de la actividad pública, *se encuentran en condiciones de molet gradualmente las ideas y los sistemas nojudíos en los molinos judíos* ».

Para Alfred Nossig, los judíos·tienen una misión histórica que cumplir:

«La comunidad judía es algo más que un pueblo en el sentido moderno político de la palabra. Es la depositaria de una misión históricamente mundial, cósmica, me atrevería a decir... La idea de nuestros antepasados fue la de fundar, no una tribu, sino un orden mundial destinado a guiar a la humanidad... *Gesta naturae per Judeos,* tal es la fórmula de nuestra historia. Y la hora de su realización se está acercando»..

(A. Nossig: *Integrales Judentum,* Renaissance Verlag, Berlín, 1922).

Por su parte, Elie Faure escribe:

« Es necesario que tengan razón, tarde o temprano, hacia y contra todos los hombres. Tarde, si es necesario, y en la sombra y el silencio, con tal de que el triunfo, un triunfo insaciable, espere al·final. Tarde. ¡Qué importa! Al final de los tiempos».

(Elie-Faure: *La Cuestión judía,* p. 82).

Max I. Dimont concluye su libro *Los judíos, Dios y la Historia* en los siguientes términos:

«... Las dos terceras partes del mundo civilizado están gobernadas ya por ideas judías... las de Moisés, de Jesús, de Pablo, de Spinoza, de Marx, de Freud y de Einstein ..." (Página 446).

Sólo que los judíos han renegado - y continúan renegando - de Cristo, en tanto que glorifican a Marx, a Freud y a Einstein.

Alimentado por las promesas de la Alianza y de los Profetas, aunque él sea agnóstico, el judío no ha retenido a menudo .de ellas más que el aspecto puramente temporal, lo cual le impulsa a buscar la felicidad terrenal de la que quiere gozar inmediatamente. Es lo que la Iglesia ha llamado el carácter « carnal" de Israel, que se opone al carácter espiritual del Cristianismo. Aquella interpretación casi exclusiva de la Alianza ha levantado, desde el principio, a la Sinagoga contra la Iglesia.

« Se sabe que *el antiguo Judaísmo ignoraba el más allá. Segan él, el mundo no puede experimentar el bien y el mal más que en este mundo.* Si Dios quiere castigar o recompensar, sólo puede hacerlo en vida del hombre. Por lo tanto, es aquí abajo donde el justo debe prosperar y el impío sufrir ».

(Werner Sombart: *Los judíos y la vida económica,* p. 277, Payot, París, 1923).

« El ideal del monoteísmo hebreo es la felicidad de los hombres sobre la tierra ... »

"La Biblia no habla nunca de vida futura, y sabemos el escaso valor que los héroes de Homero atribuían a los « Hados ». Ambos quieren realizar la felicidad sobre la tierra: el uno por medio de la justicia y la fraternidad, el otro por medio de la belleza y la libertad... »

(Dr. D. Pasmanik: *¿Qué es el Judaísmo?,* pp. 29 y 18).

« El más allá no .existe para él - nos dice Elie Faure -. *Dígase lo que se diga, Israel no ha creído nunca en el más allá,* excepto en su ocaso, y excepto, quizás, en los refugios de un cabalismo esotérico reservado a algunos iniciados. Ni siquiera ha pensado en él. Todo es natural en el mundo. Incluido Dios, que acaba por ser el Espíritu. *El pacto de alianza es un contrato sinalagmático, obstinadamente concreto y positivo. Si el judío obedece, tendrá el imperio del mundo.* En esto, el judío asoma la oreja: presta a un elevado interés. Israel es un realista feroz. *Quiere .aquí abajo la recompensa para el que vive en el Bien y el castigo para el que vive en el Mal.* Ninguno de sus grandes profetas varía en ese punto: Elías, Isaías, Jeremías y Ezequiel reclaman con furor la

justicia en la tierra y, si no desciende, es que el hombre no es digno de ella. Tendrá que llegar San Pablo para situarla más allá de la muerte ».

(Elie Faure: *La cuestión judía*, pp. 83·84).

« La filosofía del judío fue simple... no disponiendo más que de un reducido número de años para vivir, quería gozarlos, y lo que pedía no eran placeres morales, sino placeres materiales que embellecieran e hicieran agradable su existencia. Como el paraíso no - existía, sólo podía esperar de Dios, a cambio de su fidelidad, de su piedad, favores tangibles; no promesas vagas, buenas para los que buscan el más allá, sino realizaciones concretas, tals corrio un incremento de la fortuna, un aumento del bienestar... »

(Bemard Lazáre: *El antisemitismo*, T. II, pp. 154-155).

Pero, convencido de su misión de « pueblo elegido » que le predestina a poseer el imperio del mundo para implantar en él su ideal de vida, el judío sueña en un reino terrestre por medio de la dominación política, social y económica· de las naciones. Y en tanto que el Cristianismo dispensa su universalismo espiritual a todos los pueblos., dentro del respeto a las legítimas particularidades de las tradiciones, de la cultura y de las costumbres, el judaísmo quiere imponerse por el esclavizamiento del mundo a los valores judíos:

« Inadaptados por esencia y, hasta cierto punto, inadaptables en las naciones de las cuales forman parte jurídicamente, los judíos tienden de un modo instintivo, fatal, a reformar, a transformar las instituciones nacionales de modo que éstas se adapten lo más perfectamente posible a ellos mismos - a los judíos - y a los fines que persiguen: fines prácticos, en primer lugar, pero también y sobre todo fines mesiánicos. *El objetivo final, el objetivo «imperial», a pesar de los fracasos y de las tribulaciones, es siempre el triunfo de Israel y su reinado sobre un mundo sometido y pacificado:* la profecía de Isaías interpretada al pie de ria letra...»

«Todo lo que tiende a disgregar y a disolver las sociedades tradicionales, las naciones y las patrias, les resulta instintivamente simpático.

«Los judíos poseen el sentido y el amor de la Humanidad, considerada como un conjunto de individuos tan abstractos, tan semejantes entre ellos como sea posible, liberados de la «rutina» de las tradiciones y de las cadenas del pasado, entregados, desarraigado y desnudos - verdadero material húmano -a las empresas de los grandes arquitectos del Futuro, que acabarán por edificar, de acuerdo con la Razón y la Justicia, la Ciudad mesiánica sobre la cual reinará Israel».

«La potencia de los judíos está en razón inversa de la potencia de los Estados que los acogen. En consecuencia, trabajan de un modo instintivo para arruinar la potencia del Estado., - hasta el momento en que, de una u otra forma, consiguen esclavizarlo y dominarlo».

(G. Batault: *Israel contra las naciones*, pp. 107-109 y 75, Gabriel Beauchesne et ses Fils, París, 1939).

El Mesianismo judío, que se llama a sí mismo universalista, no es en realidad más que un imperialismo disfrazado:

El universalismo se confunde aquí, de un modo absoluto, con el imperialismo: el ideal que se propone es el panisraelismo, el panjudaísmo. En ese sentido, podría sostenerse que el pangermanismo, por ejemplo, que aspiraba a someter al mundo, «para su mayor beneficio» a los ideales de la

Kultur., es también una doctrina de tendencia universalista. *Pero ese universalismo, repito, es pura y simplemente un imperialismo político, social y religioso* ».

(G. Batault: *El problema judío*, p. 135).

« Para asegurarnos de ello., basta con que sigamos, de la mano de M. Isidore Loeb, la descripción de los tiempos mesiánicos., tal como nos los describe ese Segundo Isaías:

« Las naciones se reunirán para ir a ofrecer sus homenajes al pueblo de Dios: toda la fortuna de las naciones pasará al pueblo judío, y (las naciones) caminarán detrás del pueblo judío encadenadas, como cautivos, y se prosternarán delante de él, los reyes educarán R sus hijos y las princesas serán las nodrizas de sus niños. Los judíos darán órdenes a las naciones; llamarán a pueblos a los que ni siquiera conocen, y los pueblos que ni siquiera les conocen correrán hacia ellos. Las riquezas del mar y·la fortuna de las naciones irán por sí mismas hacia los judíos. El pueblo y el reino que no sirvan a Israel serán destruidos...[6]

« En cuanto al resultado- de la revolución mesiánica, será siempre la misma: Dios derribará a las Naciones y a los reyes, y hará triunfar a Israel y a su Rey; las Naciones se convertirán al judaísmo y obedecerán a la Ley, o serán destruidas, y los judíos serán los dueños del mundo.

« El sueño internacionalista del judío es la unificación del mundo por medio de la ley judía, bajo la dirección y la dominación del pueblo sacerdotal; debo repetirlo: un imperialismo generalizado. Eso no impide a M.Loeb, lo

---

[6] Isidore Loeb: La literatura de los pobres en la Biblia, pp. 219-220.

mismo que a M. Darmesteter, a M. Saloman Reinach, a M. Lazare y a tantos otros, considerar que ese concepto es el de la fraternidad universál.»

(G. Batault: Ob. cit., pp. 133·134-135).

Poseídos del convencimiento de su papel mesiánico, los judíos no disponen del número ni de la fuerza necesarios para imponer su ley abiertamente a las viejas naciones cristianas. Tampoco son paladines de la caballería medieval, unos Bayardo, unos Duguesclin, unos Ricardo Corazón de León;- ni unos San Luis o unos San Francisco de Asís. Son unos combatientes de la sombra. Sus armas son el disimulo, la astucia, la mentira; actúan por insinuación, por .infiltración, y poseen un terrible poder de corrupción y de desorden revolucionario que desintegra la armadura de las naciones occidentales.

«Su análisis implacable -nos dice Elie Faure hablando del judío-, su irresistible sarcasmo han actuado como un ácido corrosivo. Desde Maimónides a Charles Chaplin, el rastro resulta fácil de seguir, aunque *la circulación del espíritu judío haya sido imponderable, por así decirlo, y sólo después de su paso se haya evidenciado su poder de desintegración...*"

«*Freud, Einstein, Marcel Proust, Charles Chaplin, han abierto en nosotros, en todos los sentidos, prodigiosas avenidas, que derriban los tabiques del edificio clásico, grecolatino y Católico, en el seno del cual la ardiente duda del alma judía acechaba, desde hacía cinco o seis siglos, las ocasiones de echarlo abajo.* Conviene subrayarlo: su polo escéptico es lo que parece surgir en primer lugar del completo silencio que ha encubierto la acción del espíritu judío en la Edad Media, silencio roto por algunas voces a partir del Renacimiento y que hoy se ha convertido en un vasto rumor. Perdido entre las masas profundas de las sociedades cristianas de occidente, el judío, reducido al silencio durante quince siglos, sólo podía negar, dentro de las fronteras y dentro de la jerarquía que le impusieron aquellas sociedades: el cristianismo Montaigne, el cartesianismo Spinoza, el capitalismo Marx, el newtonismo Einstein, y si se quiere el kantismo Freud ... esperando que de aquella misma negación surgiera poco a poco un nuevo edificio profundamente marcado por una inteligencia dedicada encarnizadamente a eliminar lo sobrenatural del horizonte del hombre y a buscar en las ruinas de la moral y del inmortalismo los materiales de un método y de un espiritualismo nuevos. A pesar de los elementos de esperanza que acumulaba en silencio, sólo podía considerarse al judío como un demoledor armado de la duda corrosiva que ha enfrentado siempre a Israel con el idealismo sentimental de Europa a partir de los griegos...

«En realidad, lo han puesto todo en duda: la metafísica, la psicología, la moral, la física, la biología, las pasiones...»

(Elie Faure: Ob. cit., p. 90).

«*Su misión histórica está claramente definida, y quizá para siempre. Será el actor principal de toda época. apocalíptica, como lo fue al final del mundo antiguo, como lo es al final -que estamos viviendo- del mundo cristiano.* En esos momentos se encuentra siempre en primera línea, para derruir el viejo edificio y para señalar el terreno y los materiales del que debe reemplazarle. Ese dinamismo es el que condiciona su grandeza extraordinaria, y quizá también, hay que confesarlo, su aparente impotencia ...»

«*El judío destruye toda ilusión antigua,* y si participa más que cualquiera -como antaño San Pablo y hoy Carlos Marx- en la edificación de la nueva ilusión, introduce fatalmente en ella, precisamente por su sed eterna de verdad que sobrevive siempre a las realizaciones políticas o religiosas, el gusano que la minará. El patriarca que antaño aceptó la tarea de conducir a la conciencia humana hacia la tierra prometida a través de los espacios abrasados del conocimiento, ¿acaso no estuvo a punto de soltar aquella pesada carga?»

(Elie Faure: Ob. cit., p. 97).

CAPÍTULO IX

PERMANENCIA Y UNIVERSALIDAD DEL ANTISEMITISMO

A simple vista, puede parecer paradójico que un pueblo que fue el primero en sostener la idea de un Dios único, que dio origen al Cristianismo y que cuenta en su historia de «Pueblo de Dios» con tantos profetas ilustres y hombres notables, haya sido, por otra parte, objeto de esa repulsión general y permanente, incluso de esa hostilidad, que lleva el nombre de antisemitismo.[7]

Los judíos, a través del enfrentamiento - judea-cristiano, no han dejado de atribuir la responsabilidad de semejante actitud al Cristianismo.

«El antisemitismo cristiano -nos dice Jules Isaac- reviste, por el hecho de ser mantenido por la Iglesia, un carácter oficial, sistemático y coherente, que siempre ha superado al primero (el antisemitismo pagano). Está al servicio de la teología y es alimentado por ella... A diferencia del antisemitismo pagano, que casi siempre traduce una reacción espontánea, excepcionalmente dirigida y organizada; persigue un objetivo concreto: convertir en

---

[7] Observemos, a ese respecto, que el término antisemitismo, consagrado por el usó, es un término inadecuado, ya que numerosos pueblos, tales como los árabes y los egipcios, son o han sido antisemitas, en el sentido habitual de la palabra. (Nota del Autor).

odiosos a los judíos. Y lo ha alcanzado, por medio de una acción que se ha revelado infinitamente más nociva que la del antisemitismo pagano».

(Jules Isaac: *Génesis del antisemitismo*, p. 129).

Josué Jéhouda es de la misma opinión:

«Lo que propaga el antisemitismo es la obstinación cristiana en pretenderse única heredera de Israel. Ese escándalo deberá terminar, tarde o temprano; cuanto antes termine, antes desaparecerá el clima de falsedades en el cual se envuelve el antisemitismo».

(Josué Jéhouda: *El antisemitismo, espejo del mundo*, p.- 136).

Para nosotros, que tratamos de comprender el problema judío en su complejidad a través del tiempo y del espacio, resulta inútil querer reducirlo a un punto de vista· tan parcial y rencoroso, ya que todos los historiadores, judíos y no-judíos, están de acuerdo en decir que el antisemitismo existía mucho antes que el Cristianismo.

Así, el Dr. A. Roudinesco puede escribir:

«El odio al judío es muy antiguo; apareció antes de la era cristiana, es decir, a partir de los primeros contactos de los israelitas con los otros pueblos. *El antijudaismo ha florecido bajo todos los cielos y en todas las épocas; es el único fenómeno histórico que ha resistido el paso del tiempo.* El vocablo antisemitismo es moderno y lleva implícita una idea étnica».

(Dr. A. Roudinesco: *Le Malheur d'Israel,* p. 11).

«El antisemitismo - escribe por su parte el maestro francés de la antroposociología, Vacher de Lapouge - es muy anterior al Cristianismo; si tenemos en cuenta que se remonta por lo menos al siglo IV antes de nuestra era, resulta difícil ver en el suplicio de Cristo la causa única del odio con que (los judíos) han sido perseguidos por los cristianos ...»

En realidad, son numerosos los sociólogos filosemitas o antisemitas que opinan que en la base del fenómeno antisemita hay otras causas, inherentes al carácter mismo del pueblo hebreo.

Es lo que muestran muy claramente los dos escritores judíos Bernard Lazare y Elie Faure:

> «*Me ha parecido que una opinión tan universal como el antisemitismo, que ha florecido en todos los lugares y en todas las épocas, antes de la era cristiana y después*, en Alejandría, en Roma y en Antioquía, en Arabia y en Persia, en la Europa de la Edad Media y en la Europa Moderna, en una palabra, en todas las partes del mundo donde han habido o hay judíos, *me ha parecido que semejante opinión no podía ser resultado de una fantasía y de un capricho perpetuos, y que para su eclosión y su permanencia debían existir motivos profundos y serios.*

«Doquiera donde los judíos, dejando de ser una nación dispuesta a defender su libertad y su independencia, se han establecido, se ha desarrollado el antisemitismo, o el antijudaísmo, ya que antisemitismo es un vocablo mal escogido, que sólo ha tenido razón de ser en nuestra época...»

«Si esa hostilidad, esa repugnancia, incluso, hacia los judíos sólo se hubiese producido en una época y en un país, resultaría fácil desvelar las causas de esas cóleras; pero la raza judía ha sido objeto del odio de todos los pueblos en medio de los cuales se ha establecido. En consecuencia, y puesto que los enemigos de los judíos pertenecían a las razas más diversas, vivían en unas condiciones muy distintas, estaban sometidos a leyes diferentes, gobernados por principios opuestos, no tenían las mismas costumbres, les animaban espíritus desemejantes que no les permitían juzgar con el mismo criterio todas las cosas, es preciso que las causas generales del antisemitismo hayan residido siempre en el propio Israel y no en los que le combatían».

«¿Qué virtudes o qué vicios valieron a los judíos aquella universal enemistad? ¿Por qué fueron igualmente maltratados y odiados por los Alejandrinos y por los Romanos, por los Persas y por los Árabes, por los Turcos y por las naciones cristianas? Porque en todas partes, y hasta nuestros días, los judíos han sido unos seres insociables.

«¿Por qué eran insociables? Porque eran exclusivistas, y su exclusivismo era a la vez político y religioso, o, por mejor decirlo, se atenían a su culto político-religioso, a su Ley».

(B. Lazare: *El antisemitismo*, pp. 39-4041-42 y 43).

«La persecución antisemita -escribe Elie Faure- no ha bajado nunca de tono. Tuvo más causas externas, y no solamente la acción teocrática invocada con demasiada frecuencia, la acusación que precedía por doquier a los judíos de haber crucificado al Dios que habían dado a Europa y al cual ellos mismos no habían querido. *Una eterna angustia les domina, convirtiéndoles en extranjeros en todos los pueblos de la tierra, de los cuales trastornan las rutinas, devastan los senderos trillados, dislocan los edificios morales seculares ...*»

«Su angustia, traducida en el exterior por una insatisfacción constante, una obstinada recriminación, un deseo de convencer que les roe por dentro y que sólo les está permitido cuando no pueden aspirar a la dominación política, una inquietud intelectual que les lleva a criticarlo todo, a juzgarlo todo, a medirlo todo, ha alzado automáticamente contra ellos la doble tiranía de la persecución y del exilio. Esto no es de ayer. Ni data de Cristo. Habían exasperado tanto a los egipcios que tuvieron que huir en masa de Egipto. Cansado tanto a los persas que éstos les estimularon a regresar a su tierra. Los romanos., que no se interesaban por los problemas mora les y cuya tolerancia aseguraba por doquier la paz religiosa, ahogaron con la sangre de sus gargantas cercenadas sus furiosas reclamaciones y sus coléricos anatemas. Pilatos les entregó a Cristo para desembarazarse de ellos·.

«*Digámoslo de una vez: han fastidiado a todo el mundo.* Pero quizás en eso resida su grandeza. Se han negado al silencio y a la modorra. Se han obstinado incansablemente a negar el medio que, arrastrados de cautiverio- en cautiverio, enviados de exilio en exilio, adoptaba de grado o por fuerza. Con una obstinación que sólo cesará, supongo, con el último de ellos... »

« No resulta sorprendente, por tanto, que desde siempre y todavía hoy el judío haya despertado casi en todas partes una hostilidad más o menos declarada, cuya expresión ha recorrido toda la gama que separa al antisemitismo especulativo de las más atroces matanzas ».

(Extractos de un artículo de Elie Faure aparecido en 1934·en el libro *La cuestión judía vista por veinticuatro eminentes personalidades).*

Renan, al cual no puede situarse en la categoría de los cristianos « acomplejados » y de los enfermos mentales surgidos de la psiquiatría moderna, como es el caso, según M. Josué

Jéhouda, de todos aquellos que no son filo-semitas,[8] se expresó en los términos siguientes:

> « La antipatía contra los judíos era, en el mundo antiguo, un sentimiento tan general, que no había ninguna necesidad de estimularlo. Aquella antipatía señala uno de los fosos de separación que quizá no se rellenen nunca en la especie humana ... Se basa en algo más que en la raza... Tiene que existir algún motivo para que ese pobre Israel haya pasado por tan dolorosos trances. *Cuando todas las naciones y todos los siglos os han perseguido, es preciso que exista algún motivo para ello* ».

« El judío, hasta nuestra época, se insinuaba por todas partes reclamando el derecho·común; pero, en realidad, el judío no estaba dentro del derecho común; conservaba su estatuto particular: quería tener las garantías de todos y, bajo mano, sus excepciones, sus propias leyes. *Quería las ventajas de las naciones sin ser una 'nación, sin participar en las obligaciones de las naciones. Ningún pueblo ha podido tolerar eso.* Las naciones son unas creaciones militares, fundadas y mantenidas por medio de la espada; son la obra de los campesinos y de los soldados; los judíos no han contribuido en nada a establecerlas. En esto estriba el gran malentendido implícito en las pretensiones israelitas. El extranjero tolerado puede ser útil a un país, pero a condición de que el país no se deje invadir por él; no es justo reclamar los derechos de miembro de la familia en una casa que no se ha ayudado a edificar, como hacen esos pájaros que se instalan en un nido que no es el suyo, o como esos crustáceos que toman el caparazón de otra especie ».

Ernest Renan: *El anticristo*, p. 252, París, 1873).

---

[8] J. Jéhouda: *El antisemitismo, espejo del mundo*, páginas 72 y 73.

Citemos, para terminar, un párrafo del sabio francés Vacher de Lapouge:

«... El judío se nos aparece siempre el mismo desde el punto de vista moral: en Babilonia, entre los Faraones, en el Egipto de los Ptolomeos, en la Roma de Cicerón, en Efeso o en España, el judío era el que vemos hoy en Francia, en Polonia o en Hungría. La nación judía contemporánea es el mejor ejemplo de convergencia física: el índice varía de 77 en Argelia a 83 en Polonia; los judíos son rubios, los judíos son morenos, pero en todas partes son los mismos, arrogantes en el éxito, serviles en la desgracia, cautelosos, grandes acumuladores de dinero, de una inteligencia notable, y sin embargo impotentes para crear. Asimismo, en todas las épocas han resultado odiosos y se han visto agobiados por persecuciones que siempre han atribuido a su religión, pero que parecen haber merecido por su mala fe, su codicia y su espíritu de dominación».

(Vacher de Lapouge).

LAS MÚLTIPLES FORMAS DEL ANTISEMITISMO

El antisemitismo existe desde hace tres mil años y ha adoptado formas muy diversas:

- Existió un antisemitismo egipcio que nos ha sido transmitido por la Biblia;

- existió un· antisemitismo persa atestiguado por el Libro de Ester;

- existió un antisemitismo griego;

- existió un antisemitismo alejandrino con el célebre polemista Appion como jefe de fila;

- existió un antisemitismo romano que cuenta en sus filas con los escritores más ilustres de Roma: Cicerón, Tácito, Séneca, Juvenal, etc.

«¡Qué motivo de gloria para el antisemitismo poder inscribir en su *palmarés* los nombres de Séneca, de Juvenal y de Tácito!»

«Tácito es, indiscutiblemente, el más bello florón de la corona del antisemitismo, el más bello de todas las épocas..."

escribe Jules Isaac en su *Génesis del antisemitismo*.

Hubo, pues, un antisemitismo pagano generalizado.

El antisemitismo religioso no ha sido menos diverso:

➢ existió un antisemitismo zoroastral;
➢ existió un antisemitismo agnóstico y maniqueo;
➢ existió un antisemitismo católico;
➢ existió un antisemitismo ortodoxo;
➢ existió un antisemitismo musulmán;
➢ existió un antisemitismo protestante.

A propósito de este último, nadie ha utilizado, al hablar de los judíos, un lenguaje más violento que el de Lutero.

Pero, entre los protestantes, «el adversario más temible que se ha alzado ante la Sinagoga -escribe M. Louis Massoutié, autor de la obra *Judaísmo e Hitlerismo*- es Jean-André Eisenmenger (1654-1704), profesor de lenguas orientales de la Universidad de Heidelberg».

En su obra El Judaísmo desenmascarado,

«se encuentran los argumentos que los antisemitas alemanes, y a continuación los de dos otros países, han venido esgrimiendo desde entonces contra la Sinagoga».

«... Eisenmenger se dedicó especialmente a demostrar hasta qué punto difieren el Judaísmo actual y el Cristianismo, dos religiones que, en su origen, sólo se diferenciaban por matices muy leves».

(Louis Massoutié: *Judaísmo e Hitlerismo,* pp. 138-139-141).

Pero más extraño aún puede parecer el hecho de que haya habido un antisemitismo filosófico-político.

En efecto:

➢ ha habido un antisemitismo racionalista (con Voltaire como jefe de fila);
➢ ha habido un antisemitismo socialista (con Toussenel);
➢ ha habido un antisemitismo nacionalista y patriótico (con Edouard Drumont y Urbain Gohier);
➢ ha habido en casi todas partes un antisemitismo económico (recordemos, sin ir más lejos, las milenarias acusaciones formuladas contra la usura judía, el parasitismo judío);
➢ ha habido un antisemitismo. racial con Hitler;
➢ hay actualmente un antisemitismo soviético, lo cual constituye uno de los más fantásticos retrocesos de la Historia.

En resumen, todas las épocas y todos los países han conocido, uno tras otro, un antisemitismo ora larvado, ora canalizado legalmente, ora estallando en explosiones furiosas y sangrientas.

En el curso de esos tres mil años de historia, todas las soluciones posibles e imaginables han sido ensayadas para resolver el problema judío:

1.º La coexistencia pacífica.

2.º La conversión.

3.º La segregación y el *ghetto*.

4.º La expulsión. 5.º El *pogrom*.

6.º La emancipación política.

7.º La asimilación.

8.º Los matrimonios mixtos.

9.º El numerus clausus.

10.º La rueda y la estrella amarilla.

Y, finalmente, las más recientes:

11.º El racismo.

12.º El marxismo.

Todas esas soluciones han resultado inoperantes.

En su libro *le Malheur d'Israel*, el Dr. A. Roudinesco comprueba que:

«El antisemitismo apareció a raíz de los primeros contactos de los judíos con el resto del mundo; se ha perpetuado a lo largo de los siglos hasta nuestros días. Ha resistido- a todas las revoluciones políticas, a todas las transformaciones sociales, a todas las evoluciones del espíritu. Continúa tan vivo hoy como en el pasado; ha adoptado formas muy diversas, de acuerdo con la óptica específica de cada época; ha cambiado a menudo de etiqueta, pero su contenido ha seguido siendo el mismo. Nada autoriza a esperar su, desaparición. Si se calcula su potencia por el número de sus víctimas, hay que reconocer que se ha intensificado. Las carnicerías de Alejandría, las matanzas de la Edad Media, los *pogroms* rusos y polacos resultan insignificantes comparados con el reciente exterminio hitleriano...»

(Dr. A. Roudinesco: Ob. cit.,p. 173).

INTOLERANCIA JUDÍA E INTOLERANCIA ANTIJUDÍA

El judío se considera siempre como una víctima inocente del odio del mundo, pero la mayor parte de las medidas de defensa adoptadas por Occidente en lo que a él se refiere, medidas que el judío estima con amargura y furor que son manifestaciones de antisemitismo, en realidad son armas de retorsión tomadas de la legislación judía y vueltas contra sus autores por una especie de retroceso.

La intolerancia religiosa era un sentimiento desconocido en la sociedad pagana.

« Cada pueblo tenía sus dioses particulares y reconocía el imperio legítimo de las divinidades extranjeras sobre los otros países ».

Elie Benamozegh: *Israel y la Humanidad* , p. 21).

Los únicos que en la Antigüedad profesaron un intransigente exclusivismo religioso fueron los judíos:

« Cierta historia apologética ha hecho prevalecer durante demasiado tiempo la idea de que los países paganos detentaban el monopolio de la intolerancia y de la persecución religiosa. Nada más falso; la erudición moderna y la historia imparcial han hecho plena justicia en lo que respecta a esa afirmación. La intolerancia, procedente de un modo directo del exclusivismo religioso de los israelitas, es una invención judía, y puramente judía, heredada por el cristianismo, el cual la ha transmitido al mundo moderno »...

« El pueblo elegido, sin embargo, aportaba algo que debía tener en el futuro un prestigioso destino en el seno del mundo occidental, un concepto rigorista y fuerte de la-divinidad, una fe orgullosa, inquebrantable y fanática en la omnipotencia de un Dios autoritario, exclusivo y celoso, y en la suprema bondad de una ley minuciosa y quisquillosa.

« En tanto que la civilización alejandrina, heredera a la vez de Grecia y de todas las civilizaciones mediterráneas, ofrecía al mundo, bajo la égida del genio militar y político de Alejandro, las artes, las ciencias y las más elevadas especulaciones filosóficas, todo esplendor y todo saber, los judío s, que empezaban a esparcirse por aquella especie de inmenso « internamiento » que formaba el mundo helénico, le ofrecía un monoteísmo celoso, de un ritualismo exclusivo, y la intolerancia religiosa. Ideas desconocidas hasta entonces, pero cuya influencia y cuyo alcance serán incalculables…

« El Judaísmo no era solamente una creencia exclusiva que contradecía las creencias y los profundos sentimientos de tolerancia de los paganos, sino también una Ley exclusiva y , tiránica que contradecía sus costumbres y especialmente su sentido tan noble de la hospitalidad … El exclusivismo judío se traducía en el coerció cotidiano por mil hechos sensibles, por la negativa a comer con los paganos, a tomar parte en sus juegos, en sus ejercicios., así como a servir bajo sus banderas, por la autonomía jurídica, por los matrimonios separados. Doquiera se habían establecido, voluntariamente o no, colonias judías algo numerosas, en medio de las poblaciones griegas o helenizadas, los judíos adoptaban y conservaban fatalmente una fisonomía exótica. Por más que hablaran y escribieran el griego, por más que se organizaran a la griega, su estrecha solidaridad., su aislamiento social y legal les situaban ante los griegos y los romanos como unos extranjeros «más alejados de nosotros -decía Filostrato- que Susa, Bactriana o la India».

«A las mentes tan abiertas, tan comprensivas, tan tolerantes de los Antiguos, el exclusivismo judío aparecía como una monstruosidad; la intolerancia, aquella invención, aquella virtud judía les resultaba totalmente incomprensible. Se concebía perfectamente, en el período helenístico, la existencia de un dios único, adorado en todas partes, bajo nombres y con atributos diversos, pero no se concebía que ese dios tuviera que ser precisa y exclusivamente el de los judíos...»

«Contrariamente a lo que demasiado a menudo se tiende a creer, lo que los judíos han introducido en el mundo no es un concepto internacional y universal o un concepto metafísico del monoteísmo, el cual fluía normalmente del estado político de la época y de las especulaciones de la filosofía griega, sino el concepto del monoteísmo exclusivo de Jehová, el Dios celoso y tiránico.

«Por una rara ironía del Destino, cuando por dos veces, con el cristianismo primero, con el Islam después, el Dios exclusivo y celoso de los judíos triunfó, con sus inseparables compañeros: la intolerancia y el fanatismo, se volvió contra el pueblo elegido y vino a añadirse a sus desgracias ».

(G. Batault: *El problema judío,* pp. 60..63-64-65- 85).

La intolerancia que, según la amarga acusación de los judíos, practica la religión· cristiana en lo que a ellos respecta, hunde pues sus raíces en unos conceptos esencialmente judaicos:

« Ahora vemos lo que· tenía de paradójica la situación de los judíos al principio de la Edad Media. Eran no sólo los únicos no-cristianos tolerados en mundo cristiano, sino que, para colmo de ironía, vivían· en una completa libertad, al margen del régimen feudal al que estaban sometidos los gentiles.

« ¿Por qué no habían sido convertidos a la fuerza, ni diezmados como los paganos y los infieles? ¿Por qué se beneficiaban de un régimen de excepción? ¿Y por qué les protegía la Iglesia?

« En realidad, la Iglesia se había comprometido en aquel paradójico callejón sin salida por su propia lógica. Dado que la civilización de la Edad Media era ante todo de inspiración religiosa, resultaba de suma importancia que los judíos fueran convertidos al cristianismo...

« Al principio fue intentado todo para inducir a los judíos a aceptar el cristianismo. Pero los judíos se negaban obstinadamente a convertirse. En aquella Europa Occidental, el judío planteaba un problema casi insoluble. No podía convertírsele, ni exterminarle ».

El judío fue excluido, simplemente, del sistema feudal:

«Algunas de las medidas discriminatorias adoptadas contra los judíos en aquella época no eran nuevas. De hecho, se inspiraban en las leyes del Antiguo Testamento y del Talmud contra los no-judíos. En efecto, antiguas leyes hebraicas prohibían a un no-judío ocupar el trono de Israel o un cargo que le permitiera administrar al pueblo judío. Para evitar un acercamiento demasiado íntimo entre judíos y griegos, una ley palestina prohibía vender tierra a un no-judío. No tenemos derecho a calificar aquellas medidas de buenas o malas de acuerdo con la óptica de hoy. Debemos situarnos en la época en que fueron adoptadas».

(Max. l. Dimont: *Los Judíos, Dios y la Historia*, pp: 231-232).

Tomemos el caso particular de la Inquisición, creada en el siglo XIII para poner fin a la herejía de los Albigenses.

«A raíz de la Cruzada contra los Albigenses.., que produjo un gran número de víctimas, el Papado, horrorizado por la sangre vertida, prohibió la caza de los herejes (del mismo modo que más tarde prohibió entregarse a la caza de los judíos) e instituyó la Inquisición (del latín *inquisitio,* que significa *investigación)* , cuyo papel sería el de decidir si el acusado era o no hereje. En el curso de los primeros siglos de su existencia, la Inquisición fue dotada de poderes que no le permitían juzgar a los judíos, a los musulmanes o a otros infieles, sino únicamente a los cristianos.

«A la Iglesia le repugnaba profundamente ver correr la sangre, de modo que se decidió que los que fueran reconocidos culpables morirían en la hoguera. Resulta irónico que el hombre actual encuentre abominable que pueda condenarse a alguien a morir en la hoguera por sus convicciones religiosas, pero no vea nada de reprobable en el hecho de que se fusile a un hombre por sus opiniones políticas. Y resulta todavía más irónico que el derecho a condenar a muerte un herético proceda directamente del Antiguo-Testamento, concretamente del Deuteronomio: XVII, 2-5: «Se encontrará quizás en medio de ti... un hombre o una mujer haciendo lo que está mal a los ojos del Eterno, tu Dios, y transgrediendo su alianza, acercándose a otros dioses para servirles y prosternarse delante de ellos... Cuando llegue a tu conocimiento... entonces harás acudir a tus puertas al hombre o a la mujer ... y lapidarás o castigarás de muerte a aquel hombre o aquella mujer». Dado que a los ojos de la Iglesia sólo los cristianos podían hacerse culpables de herejía, aquella antigua ley mosaica únicamente les fue aplicada a ellos. De modo que los judíos fueron relativamente respetados por la Inquisición, en tanto que los cristianos quemaban a los suyos».

(Max I. Dimont: Ob. cit., pp. 237-238).

También para el Dr. A. Roudinesco la intolerancia es compartida por los judos y los cristianos:

«Aquellos hombres que quemaban vivos a otros hombres que no compartían su fe nos parecen monstruos. En aquella época, el único reproche contra los judíos era de orden religioso. Sin embargo, el antijudaismo teológico de la Edad Media resulta fácil de comprender. La tolerancia religiosa no existía. Los judíos eran tan intolerantes como los cristianos. Habían perseguido a sus herejes, del mismo modo que los cristianos perseguía a los suyos. La Sinagoga excomulgaba con tanto rigor como la Iglesia».

(Dr. A. Roudinesco: *Le Malheur d'Israel,* p. 40).

La Sinagoga fue también la primera en obligar a los judíos a llevar un emblema que les distinguiera. Sin embargo, entre las diversas medidas adoptadas por la Iglesia con el fin de contrarrestar su política de infiltración y de corrupción, hubo una contra la cual los judíos se han alzado siempre con violencia, considerándola como particularmente infamante: la obligación de llevar un signo distintivo: rueda, bonete, estrella, etc.

No obstante, aquella medida impuesta por el Concilio de Letrán, en 1215 - y renovada por las bulas de Honorio 111(1221), de Martín V (1425) de Pablo IV (1555), de San Pío V (1566) y de Clemente VIII (1593), no hacía más que reasumir una antigua costumbre judía que prescribía a los judíos distinguirse de los otros pueblos por su vestido. Clemente III, al poner en conocimiento de los fieles la decisión del Concilio, no dejó de subrayarlo:

> « Se trata únicamente -dijo- de inducir a los judíos a la observancia de las leyes de Moisés que les ordenaban llevar un vestido distintivo ».

Santo Tomás de Aquino, escribiendo a la duquesa de Brabante, comenta en el mismo sentido aquella decisión:

> « Eso mismo les está ordenado por su propia ley, es decir, llevar unas franjas en los cuatro ángulos de sus mantos, a fin de distinguirse de los otros pueblos ».

(Citado por Lovsky: *Antisemitismo y Misterio de Israel,* p. 199).

EL RACISMO

Hablemos finalmente del Racismo, el cual ha adquirido tanta importancia en nuestros días, constituyendo la base de las medidas adoptadas, en su época, por el régimen hitleriano contra los judíos.

Los judíos se han alzado con vehemencia contra el racismo hitleriano. Sin embargo, fueron los primeros en la Historia en exaltar la idea de raza, en considerarse como miembros de la «raza elegida.», en una palabra, en crear el concepto de racismo que los otros pueblos, tras haberlo ignorado largo tiempo, iban a tomarles prestado y, a veces, incluso a esgrimir contra ellos.

«Conviene señalar que los judíos son el único grupo étnico natural y sustancialmente racista. Los conceptos de raza judía y de religión judía están inextricablemente mezclados: *«Las religiones semíticas* - escribe Kadmi-Cohen en Nómadas - *no son más que la espiritualización deificadora de la raza».* No es, pues, sin cierta ironía que asistimos al desencadenamiento del furor judío contra el racismo alemán, que adopta en provecho suyo la idea de raza y la vuelve contra sus inventores».

En la *Revista de la Historia de las Religiones*, E. Dhorme escribía en 1934:

«El Judaísmo ha contribuido grandemente a implantar en el mundo esa idea de raza, más específicamente de la semilla... la cual debe proceder de los grandes antepasados y perpetuarse sin mezcla a través de los siglos. Las persecuciones de que han sido objeto los judíos en los países cristianos son debidas, en parte, a esa fusión de la raza y de la religión que hacía de Israel una categoría especial de ciudadanos inasimilables. *El racismo es una teoría peligrosa, pero reconozcamos que fue sostenida por los Semitas mucho antes que por los Arios».*

(Citado por Lovsky: *Antisemitismo y Misterio de Israel*, p. 364).

Todos los escritores judíos han exaltado su raza y ven en ella una raza superior, indestructible, llamada a ejercer una gran influencia sobre todas las otras razas. El ministro británico Disraeli escribía a ese propósito:

«*A cada generación, los judíos deben convertirse en más poderosos y más peligrosos en la sociedad que les es hostil.* ¿Creéis que la blanda y pueril persecución del representante decorosamente moderado de una Universidad inglesa puede aplastar *a los que hicieron fracasar, uno tras otro, a los faraones, a Nabucodonosor, a Roma y al feudalismo?* Ni las leyes penales, ni las torturas físicas pueden provocar la absorción o la destrucción de una raza superior por una raza inferior. Las razas mezcladas de los perseguidores desaparecen, la raza pura de los perseguidos permanece. En estos momentos, a pesar de los siglos, de millares de años de degradación, el espíritu judío ejerce una gran influencia sobre los asuntos de Europa».

(Disraeli: *Coningsby*).

Charles Péguy, en su libro *Nuestra juventud*, da un retrato muy característico de su amigo Bernard Lazare, repitiendo en él, como un *leitmotiv*, la palabra «raza». He aquí uno de los párrafos:

«Ni un músculo, ni un nervio que no aparezca tenso para una misión secreta, vibrando perpetuamente por la misión. Jamás hombre alguno se atuvo hasta ese punto a su calidad de *jefe de su raza y de su pueblo, de responsable de su raza y de su pueblo.* Un ser perpetuamente tenso. Una trastensión, una sub-tensión inexpiable. Ni un sentimiento, ni una idea, ni la sombra de una pasión que no fuera tensa, que no fuera determinada por un mandato promulgado hace cincuenta siglos; *toda una raza,* todo un mundo sobre los hombros, una raza, un mundo de cincuenta siglos sobre los hombros encorvados; sobre los hombros redondos, sobre los hombros pesados; *un corazón devorado por el fuego, por el fuego de su raza consumido por el fuego de su pueblo,* fuego en el corazón, una cabeza ardiente, y la ardiente brasa en el labio profético».

C. Péguy: *Nuestra juventud*, en Obras en Prosa *1909-1914*, p. 560).

En 1936, el autor judío Kadmi-Cohen, bajo el título de *Nómadas,* escribió un libro destinado a glorificar, incluso a deificar, a la raza judía, la cual, según él, ha sabido conservar a través de su nomadismo su unidad y su pureza. A continuación reproducimos algunos de sus párrafos:

«Hay que reconocer la extraordinaria, la absurda persistencia de la raza semita.

«Y, en la raza, la persistencia de los tipos físicos: judíos de hecho occidentalizados que conservan en el rostro una impresionante semejanza con el rostro de un árabe beduino del cual le separan tres mil años.

«Por otra parte, la permanencia de ciertos gustos es significativa. Siglos enteros de vida en medio de las poblaciones eslavas y nórdicas no han desposeído al judío de su frenesí, de su necesidad de gesticular, ni siquiera de su amor inmoderado a los placeres de la cocina mediterránea, rica en especies. «Esos ejemplos de estabilidad sorprendente hasta el punto de que se ve obligado a darle el nombre de supervivencia son tan·abundantes, que en realidad engloban toda la vida árabe, toda la vida judía.

«*En las vicisitudes de la raza, lo mismo que en el carácter semítico, hay un fijeza, una estabilidad, una inmortalidad que impresionan al espíritu...*

«Yo soy el que soy, dijo el Eterno. El Eterno... lo Eterno es la raza.

«Una en su sustancia, no diferenciada Una eri el tiempo... estable... eterna». '

(Kadmi Cohen: Ob. cit., p. 14).

«La unidad del concepto semítico encuentra su explicación primera y absoluta en el carácter nómada del género de vida de los Semitas. Raza de pastores más que de agricultores, han sido nómadas. Y han continuado siendo nómadas. La huella es indeleble, como la incisión que se practica en el tronco de un árbol joven: el tronco crece, se desarrolla, la señal se alarga, parece desfigurarse, pero no por ello es menos fácil de reconocer.

«Conviene señalarlo: el estado nómada, al contrario de lo que ha sucedido en los otros pueblos, no ha tenido nunca en los Semitas un carácter de transición, un carácter de fase pasajera que precede y prepara la vida sedentaria: el nomadismo tiene su fuente en el fondo del corazón semita.

«Se concibe que el nomadismo sea, por sí solo, conservador de la raza, de la pureza étnica. Quien dice vagabundeo de un grupo humano, dice igualmente aislamiento de ese grupo, y a pesar de sus desplazamientos, en virtud incluso de esos desplazamientos, la tribu permanece idéntica a sí misma. «También la sangre que corre por sus venas ha conservado·su pureza primera y la sucesión de los siglos no hará más que robustecer el valor de la raza; es, en definitiva, el predominio del *jus sanguinis* sobre el *jus soli*.

«Los Semitas, y especialmente *los judíos, han ofrecido, ofrecen todavía una prueba histórica y natural de ese fenómeno. En ninguna parte ha sido prescrito con una intransigencia tan feroz el respeto a la sangre...*

« *La historia de ese pueblo, tal como aparece relatada en la Biblia, insiste a cada momento en la prohibición de aliarse con los extranjeros... Y en nuestros días, al igual que hace treinta siglos, la vivacidad de ese particularismo de raza se robustece y se mide por la infrecuencia de los matrimonios mixtos entre judíos y no-judíos.*

« En ese amor exclusivo a la raza está concentrado el sentido profundo del antisemitismo, revelando su carácter ideal. El Pueblo es una entidad autónoma y autógena, que no depende de un territorio, que no acepta el estatuto real de los países donde reside, que se niega enérgicamente a las aportaciones fecundas de los cruces y de los mestizajes. Sin base material, sin apoyo exterior, cultiva únicamente su unidad...

« *Ese formidable valor, conferid o así a la raza, explica por sí solo aquel fenómeno único, excepcional; de todos los pueblos innumerables, solamente uno, el pueblo judío sobreviviéndos a sí mismo... ha permanecido uno desde siempre, a pesar de todo* ».

(Kadmi Cohen: Ob. cit., pp. 115, 116, 19, 25, *26,* 27, 28).

Racistas exclusivos por sí mismos, los judíos se muestran intransigentemente antirracistas cuando se trata de ideologías rivales del tipo nazi, y predicaron fanáticamente la guerra contra Hitler. Así, Leon Blum invitaba a las democracias, en términos apenas velados, a destruir la ideología racista:

« El reagrupamiento -escribía en el *Paris-Soir* del 23 de marzo de 1939-, el acercamiento, la vinculación más íntima de todos los Estados del mundo que permanecen apegados a la libertad y a la paz, la exaltación del espíritu democrático: he aquí la tarea esencial, junto con la destrucción sistemática de la ideología racista, de las grandes opiniones públicas, sin las cuales los gobiernos se encontrarían impotentes ».

A señalar que Goering expresaba la misma idea el 6 de octubre de 1942, en un discurso público, al hablar de Alemania:

« *Esta guerra no es la segunda guerra mundial, sino la gran guerra de las razas. En el fondo, se trata de saber si el mundo será dominado por el judío o por el germano* ».

En realidad, como muchos autores judíos y no-judíos no han dejado de señalar, *el racismo nazi no fue más que una transposición alemana, brutal y elevada al paroxismo, del racismo judío, con la misma idea imperialista de « raza elegida »* y el mismo mito de su pureza. He aquí lo que dice Lovsky al respecto:

« Parece que algunos nazis lamentaron, por motivos demasiado a menudo empíricos, el hecho de que Hitler fuera tan violentamente antisemita. No es éste el lugar oportuno para analizar por qué motivos políticos, ni siquiera económicos, el antisemitismo fue para el nacionalsocialismo una necesidad a la cual difícilmente hubiera podido renunciar... »

« El nacionalsocialismo no era un simple programa político; su naturaleza religiosa y pagana al mismo tiempo, su espíritu de dominación, la ideología nacionalista y racista que propagaba le confiaban la misión de dirigir los asuntos del mundo en nombre del Todopoderoso ».

« *Era el más simplista, el más servil de los anti judaísmos, en los antípodas exactos del más extremado de los exclusivismos judíos del pasado, y se le parecía como un hermano por ese mismo motivo* ».

« Señor -decía un apócrifo-, has creado el mundo para nosotros. En cuanto al resto de las naciones surgidas de

Adán, has dicho que no son nada, y que semejan una escupidura ».

(IV Esdras, VI, 56).

« El racismo antisemita no utiliza otro lenguaje; es semejante a aquella caricatura del judaísmo; una lógica interna, completamente irrefutable, conducía a los nazis a exterminar a los testigos de la elección de Lo Alto, cuya presencia sobre la tierra negaba silenciosamente la misión de los Germanos.

« *Rauschning pone en boca de Hitler unas palabras notables:* « *No pueden haber dos pueblos elegidos. Nosotros somos el pueblo de Dios. Esas breves palabras lo deciden todo* ».

(Lovsky: *Antisemitismo y Misterio de Israel*, pp. 364-365).

Capitulo X

Seis millones de víctimas judías y el reparto de las responsabilidades

Seis millones de muertos: tal es la cifra espantosa que las organizaciones judías arrojan sin cesar al rostro del mundo; el argumento del cual se han servido en el Concilio para obtener la revisión de la Liturgia católica.

El periódico *Le Monde,* en fecha 3 de enero de 1965, publicaba sobre ese tema un artículo de Vladimir Janjeievitch que a continuación extractamos:

« Ese crimen sin nombre es un crimen realmente infinito, cuyo inexpresable horror se agranda a medida que se le analiza. Nosotros mismos, que tenemos tantos motivos para saber, aprendemos cada día algo nuevo, un detalle particularmente repulsivo, un suplicio particularmente ingenioso, una atrocidad maquiavélica de la cual, conviene repetirlo, el único culpable es el sadismo alemán. No resulta sorprendente que un crimen insondable provoque hasta cierto punto una meditación inagotable. Las invenciones inéditas de la crueldad, los abismos de la perversidad más diabólica, los refinamientos inimaginables del odio, todo eso nos deja mudos, y de momento desconcierta el espíritu. Nunca se acabará de profundizar en ese misterio de la maldad gratuita.

« Propiamente hablando, esa grandiosa matanza no es un crimen a escala humana; del mismo modo que no son a escala humana las distancias astronómicas, los años-luz...

« Cerca del infinito, todas las grandezas finitas tienden a igualarse; de suerte que el castigo se hace casi indiferente; lo que ha sucedido es inexpiable. Ni siquiera se sabe ya a quién atribuirlo ni a quién acusar...

« La matanza metódica, científica, administrativa, de seis millones de judíos no es una desgracia « en sí », es un crimen del que es responsable todo un pueblo...

« Lo que ha sucedido es único en la historia y sin duda no volverá a suceder, ya que no hay otros ejemplos desde que el mundo es mundo; día llegará en que ni siquiera podrá explicarse".

Como puede apreciarse por ese artículo, los judíos, que protestan airadamente contra toda idea de responsabilidad colectiva en lo que a ellos respecta, no vacilan en hacer colectivamente responsable al pueblo alemán de las desdichas de Israel bajo el régimen hitleriano. El Plan Morgenthau era el instrumento de la venganza judía contra la nación alemana.

Sin embargo, esa cifra de seis millones parece actualmente inaceptable. Un escritor francés, M. Paul Rassinier, ha efectuado .investigaciones muy profundas sobre ese tema, al cual ha consagrado cuatro grandes volúmenes: *La Mentira de Ulises, Ulises traicionado por los suyos, La verdad sobre el proceso Eichmann y El drama de los judíos europeos.*

Rassinier es un socialista de izquierda, un agnóstico, y estuvo internado en el campo de Buchenwald. En consecuencia, no puede resultar sospechoso de simpatía hacia el nacionalsocialismo.

* * *

Ante la propaganda judía, conviene recordar algunos hechos históricos:

1.º) El régimen hitleriano 'no persiguió únicamente a los judíos; si se cuentan los deportados, los prisioneros y las matanzas de poblaciones civiles y militares, especialmente en Polonia y en Rusia, causó la muerte de un número mucho mayor de no-judíos, cristianos o no,· que de judíos. ,

Además, a menudo se encontró en oposición con algunos jefes del ejército alemán que detestaban al régimen y que fueron también sus víctimas (el almirante Canaris, los mariscales Von Kluge, Rommel, Von Witzleben, los generales Schleicher, Von Sülpnagel, Von Hase, etc.).

Muchos generales alemanes no habían tomado al pie de la letra lo que ellos llamaban hiperbólicas declaraciones de Hitler cuando éste les invitaba a lanzarse contra Polonia al modo de Gengis Kan y a liquidar sin piedad a la población polaca.

Pero, desde el principio de la campaña de Polonia comprendieron su error táctico cuando Ribbentrop dio a conocer a Keitel, el 12 de septiembre de 1939, las instrucciones de Hitler ordenando la ejecución en masa de los miembros de la Intelligentsia, de la nobleza y del clero, reserva natural de jefes eventuales para un futuro movimiento de resistencia y de renacimiento polaco.

La mayor parte de los oficiales alemanes, especialmente el almirante Canaris, se sintieron horrorizados y se negaron a perpetrar tales crímenes que iban a deshonrar para siempre al ejército alemán. Amenazados con ser doblados por unidades de policía, obedecieron a regañadientes y limitaron en la medida de lo posible las atrocidades. (John W. Wheeler-Bennett: *El drama del ejército alemán,* p. 389, Gallimard., París, 1955).

Igualmente, durante la campaña de Ucrania, en 1941-1942, muchos oficiales superiores alemanes, de un modo especial los tenientes coroneles Stauffenberg -futuro jefe del atentado del 20 de julio contra Hitler-, Gehlen y Roenne, quedarán horroriados por el trato que recibían los prisioneros rusos, los cuales carecían de alimentos, de higiene y de cuidados, y trataron inútilmente de atraer la atención del Alto Mando alemán sobre la suerte de aquellos desdichados.

(Resumido de las pp. 30 a 40 del libro de Jurgen Thorwald: *Wlassow contra Stalin.* Editor: André Bonne, 1953).

2.º) Se ha reprochado mucho al mariscal Petain el haber dejado deportar a los judíos, pero el mariscal Petain no tenía ningún poder real para oponerse a los ocupantes alemanes. No obstante, frenó con todas sus fuerzas aquella operación, con innegables resultados.

Al estallar la guerra había en Francia alrededor de 300.000 judíos franceses y 170.000 judíos extranjeros. Fueron deportados unos 100.000, en su inmensa mayoría judíos extranjeros. Admitimos de buen grado que la cifra es enorme, pero también que estamos muy lejos de los seis millones de la leyenda.

Por otra parte, en la época de la Liberación fueron asesinados alrededor de 105.000 franceses por otros franceses, en nombre de la Resistencia. El 95 por ciento de aquellas víctimas eran excelentes franceses que sólo tenían un defecto: el de no ser gaullistas y ser anticomunistas. Nadie parece preocuparse de ellos. La conciencia universal sólo se interesa por las víctimas judías.

3.º) También los Aliados tienen en ese aspecto graves responsabilidades:

Recordemos brevemente la entrega a los Soviets de todo el ejército Wlassow por las autoridades anglo norteamericanas. Y, en .su zona, los norteamericanos eran completamente libres para hacer lo que quisieran, y no podían ignorar que entregaban a aquellos hombres a una muerte segura.

Al principio de la invasión de la U.R.S.S. por las tropas alemanas, en 1941, numerosos rusos desertaron y millares de oficiales y soldados, prisioneros o no, se unieron al ejército alemán con el fin de luchar a su lado contra la tiranía de Stalin. Uno de esos prisioneros, el general Wlassow, ex comandante del II Ejército de Choque soviético, héroe nacional de la U.R.S.S., muy popular en el ejército, organizó, con el consentimiento de altos jefes alemanes - y a pesar de las reticencias de los dirigentes nazis que no deseaban una resurrección de Rusia, sino su aplastamiento y desmembración-, varias unidades constituidas con elementos rusos deseosos de liberar a su país del yugo soviético.

Un primer ejército Wlassow, unidad de *élite*, con unos efectivos de 40.000 hombres y al mando del coronel Budnitchenko, había ocupado Praga relevando a las - unidades SS alemanas. Al acercarse las tropas rusas, aquella división se retiró hacia el ejército norteamericano que había entrado en Checoslovaquia y que obligó a la unidad Wlassow a entregar su armamento. Después de la retirada de los norteamericanos, la unidad se encontró rodeada por las tropas soviéticas. Muchos de sus miembros se suicidaron, el resto fue capturado: los oficiales fueron fusilados, y los suboficiales y soldados enviados a campos de concentración. Algunos grupos fueron utilizados por Beria para fines de propaganda. Con las manos atadas, amontonados en camiones provistos de pancartas en las que se leía: « Esta es la suerte que los americanos reservan a los que confían en ellos», fueron paseados de unidad en unidad. Muy pocos de ellos sobrevivieron.

Una segunda división Wlassow, mandada por el general Meandrow, fue internada por los norteamericanos en Platting (Baviera); en febrero-marzo de 1946 fue entregada a los soviets en unas condiciones innobles. Despertad dos de madrugada, los hombres fueron apriscados como borregos, conducidos a la estación y cargados en unos vagones a golpes de culata, mientras una orquesta de jazz aullaba para ahogar los gritos Muchos hombres se suicidaron; algunos consiguieron huir.

Las tropas de caballería subordinadas a Wlassow formaban un cuerpo autónomo y se encontraban en Italia al producirse la derrota alemana. Remontando hacia Baviera para unirse a Wlassow, fueron detenidas en Linz por las autoridades inglesas, las cuales invitaron a cenar a los· jefes cosacos, entre los cuales se contaban el general príncipe Bekowitch Tcherkassy, el general Krasnov, su sobrino el coronel Semióne Krasnov, y otros... Llegados a la cena en uniforme de gala, fueron detenidos por los ingleses, los cuales les condujeron a Berlín para entregarles a los Soviets. Fueron todos colgados.

El general Wlassow fue capturado por una unidad soviética y colgado en Moscú.

Los norteamericanos entregaron también a los Soviets al general Trukhin, adjunto de Wlassow, al general Malychkin, su jefe de Estado Mayor, y a otros varios oficiales de alta graduación.

Dos emisarios de Wlassow, el capitán Nicolas Lapin y Vladimir Bykadorov, enviados para negociar el internamiento de las tropas de Wlassow en la Alemania· occidental, y provistos de salvoconductos por los norteamericanos, fueron, a pesar de ello, detenidos a su llegada y mantenidos prisioneros.

El capitán Lapin se negó a suicidarse y fue entregado a los Soviets. Bykadorov fue puesto en libertad.

Los norteamericanos continuaron entregando a los Soviets, en pequeños grupos, el resto de las unidades Wlassow hasta junio de 1947. En aquella fecha, un importante destacamento Wlassow, internado en el campo de Reggia Emilia, en Italia, fue embarcado para la U.R.S.S., no sin antes haber librado una verdadera batalla a los norteamericanos.

En la zona francesa de ocupación no hubo entregas forzosas.

4.°) Volvámonos ahora hacia la Rusia soviética.

La cifra de las víctimas del terrorismo marxista alcanzó proporciones apocalípticas. Hubo, lo mismo en Rusia que en los países satélites, millones de muertos de todas clases: asesinatos, fusilamientos, matanzas en las checas, hambre, etc.., y docenas de millones de deportados. Hasta una época reciente, se calculaba que los campos de deportados políticos - especialmente en la Siberia septentrional - habían contenido· a veces hasta 15 millones de prisioneros, muchos de los cuales murieron de hambre, de agotamiento y de enfermedad. Basta recordar las deportaciones en masa y despiadadas de los campesinos rusos (los *koulaks*) hostiles a la colectivización:

«... según Margareth Buber-Neuman, el comunista italiano refugiado en Moscú en 1925 Navareno Scarioli, que conoció los campos de concentración rusos desde 1937 a 1954, ha hecho una descripción de ellos .en la revista romana *Vita* del 23 de noviembre de 1961 que supera en horror a todo lo que han podido escribir los supervivientes de los campos alemanes, e incluso aquellos que le han echado más leyenda al tema».

(P. Rassinier: *La verdad sobre el Proceso Eichmann*, Introducción).

Bajo el título: Una revista yugoslava afirma que la U cometió el delito de genocidio antes que Hitler», *Le Monde* del 7 de febrero de 1965 publicaba un comentario al reportaje aparecido en la revista literaria *Delo* y debido a la pluma de M. Mihajlov, universitario de Zadar (Dalmacia), sobre el viaje que efectuó el pasado verano a la Unión Soviética. A continuación reproducimos parte de aquel comentario:

> «... Ese texto armará mucho ruido. Se trata de una serie de reflexiones y de comprobaciones acerca de los campos de concentración de la Unión Soviética, en los cuales, hasta 1956-1957, estuvieron internadas de ocho a diez millones de personas ...»

«La inmensa mayoría de las personas rehabilitadas que han tenido la suerte de sobrevivir, escribe M.Mihajlov, no quieren ya callarse...

«Otro apartado... está dedicado a los «campos de la muerte».»Resulta sintomático -escribe M. Mihajlov- que la prensa soviética hable cada vez menos de los campos nazis y que evite hacer comparaciones entre aquellos campos y los campos soviéticos... El primer campo de la muerte no fue organizado por los alemanes, sino por los soviéticos. En 1921 empezó a funcionar cerca de Arkhangelsk el primer campo de la muerte: Holmogor, el cual funcionó con *éxito* durante muchos años».

«Recordando el terror de los primeros años después de la revolución y la ejecución arbitraria de ciento veinte mil prisioneros en Crimea, en 1920-1921, M. Mihajlov afirma que se recuerda aún a una tal Vera Greniakov, conocida por el seudónimo de Dora, la cual «trabajaba» en Odesa y, por su propia mano, torturó y mató a setecientos prisioneros.

«Hitler no fue el primero en cometer el délito de genocidio -escribe el autor-. En vísperas de la Segunda Guerra Mundial, las pequeñas poblaciones de las regiones fronterizas, además de las de Turquía y del Irán, fueron deportadas a la Siberia septentrional donde, no acostumbradas al frío, morían como moscas».

(Le Monde del 7 de febrero de 1965. Primera plana).

Recordemos algunas cifras de la última guerra:

- 1.500.000 polacos y ucranianos fueron deportados por la Unión Soviética en 1940 y 1941:

Interrogado en Nuremberg, el 21 de marzo de 1946, por el general Rudenco, Procurador ruso, el Feldmariscal Goering contestó que «1.500.000 polacos y ucranianos fueron deportados de los territorios ocupados por la Unión Soviética y enviados a Oriente y a Extremo Oriente» (Actas de los debates, Tomo IX, p. 673), sin que se le permitiera citar sus referencias ni continuar. Sin embargo, el primer gobierno polaco de Londres había publicado un documento según el cual las deportaciones de polacos se situaban entre 1millón y 1.600.000 personas, de las cuales perecieron 400.000 durante el viaje... entre ellas 77.834 niños de un total de 144.000... según las informaciones facilitadas por la Cruz Rojá norteamericana... los rusos ampliaron el procedimiento a los países bálticos: 60.940 estonianos, 60.000 letones, 70.000 lituanos...»

(P. Rassinier: Ob. cit., p. 43).

- 12.000 oficiales del ejército polaco de 1939 fueron íntegramente asesinados por los rusos; 4.000 de ellos, fueron identificados en las fosas de Katyn.

- De 100.000 prisioneros alemanes capturados en Stalingrado., sólo regresaron 5.000: los otros murieron en los campos de concentración.

- 7.300.000 personas fueron expulsadas por los rusos de Silesia, en Alemania, entre el 1 de julio de 1945 y el 1 de enero de 1947., afirma P. Rassinier en el libro citado (p. 110). Amontonados en vagones para el ganado, fue· ron dejados sin víveres para unos viajes de cuatro a cinco días. En la *Revue des Deux Mondes* del 15 de mayo de 1952, M. Jean de Pange afirma que más de cuatro millones de aquellas personas- murieron a consecuencia del inhumano traslado.

- Espantosas escenas de matanzas y de violaciones acompañaron la toma de Berlín y la invasión de Alemania por los ejércitos soviéticos, ya que en el frente del Este la guerra fue una verdadera guerra de exterminio y se libró, por una y otra parte, con un salvajismo atroz.

- Recordemos finalmente la sangrienta represión del levantamiento popular húngaro en 1956.

- Hasta la muerte de Stalin, el terror fue siempre un elemento esencial del régimen soviético y, en el campo del terrorismo revolucionario, los judíos desempeñaron un papel de primer plano.

El Marxismo, como doctrina revolucionaria, ha sido elaborado por judíos: Carlos Marx, Federico Engels, F. Lasalle, Karl Kautsky, Liebknecht, Rosa Luxemburgo, etcétera. Es una forma moderna del mesianismo judío, siempre dispuesto a derribarlo todo.

A propósito de Marx, he aquí lo que nos dice Bernard Lazare en su famoso libro *El Antisemitismo:*

«Aquel descendiente de una línea de rabinos y de doctores heredó toda la fuerza lógica de sus antepasados; fue un talmudista lúcido y claro, despreocupado de las nimiedades de la práctica, un talmudista que se dedicó a la sociología y aplicó sus cualidades innatas a la crítica de la economía política. Estuvo animado por ese viejo materialismo hebraico que sueña perpetuamente en un paraíso realizado en la tierra y rechaza siempre la lejana y problemática esperanza de un edén después de la muerte; pero no fue solamente un lógico, fue también un sublevado, un agitador, un áspero polemista, y tomó su don del sarcasmo y de la invectiva de donde lo había tomado Heine: de las fuentes judías».

(Bernard Lazare: Ob. cit., pp. 205-206).

Por otra parte, he aquí lo que nos dice Rabi en su libro *Anatomía del Judaísmo francés:*

«En la visión marxista continúa habiendo un pueblo elegido, pero ahora es el proletariado. Sufrirá desastres, tal como predijeron los profetas, pero serán los residuos normales de la inevitable lucha de clases. Hay también una finalidad en el proceso histórico, el destino está sellado, la victoria es inexorable, el proletariado vive y combate en el curso de la historia, la historia, si no Dios, está de parte de ese proletariado. Con Marx, el socialismo se convierte en una versión secularizada- del mesianismo judío. La idea nació en Palestina, pero ahora es la de Moscú y la de Pekín».

(Rabi: Ob. cit., p. 250).

Citemos, finalmente, el siguiente texto, que procede de un escritor revolucionario judío, A. Rosenberg, dirigente del Partido Comunista alemán desde 1917 hasta 1927. El texto reviste una importancia capital, ya que demuestra claramente la esencia revolucionaria y destructiva del marxismo, disfrazada bajo la etiqueta de liberación del proletariado.

« *Marx no partió del proletariado, de su miseria y de su desgracia, de la necesidad de líber* » *a aquella clase, para llegar a la conclusión de que el único medio de conseguirlo era la revolución. Recorrió el camino completamente a la inversa... buscando los medios que permitieran realizar la revolución, Marx encontró el proletariado.*

« Marx y Engels publicaron en Colonia, en 1848 y 1849, la *Nueva Gaceta Renana,* que se decía: « Organo de la democracia ». Era el periódico más duro y de tono más vigoroso de que disponían los demócratas alemanes.

« Pero no era un periódico obrero en el sentido habitual de la palabra. Los intereses particulares de los obreros, intereses profesionales y de clase, apenas tenían cabida en él...

"La organización en partido no tenía a los ojos de Marx más que el valor de un medio práctico, que permitía actuar mejor -sobre el conjunto de la clase obrera.

« Engels expresó claramente esa idea en una carta a Marx, fechada el 13 de febrero de 1851: ¿*Acaso no hemos actuado desde hace varios años como si nuestro partido no existiera, como si no fuera más que un grupo de personas sin valor, que no tenían la menor idea de los profundos móviles de nuestra actuación?*

« Eso demuestra claramente que el marxismo fue insuflado a la clase obrera desde fuera ».

(A. Rosenberg: *Historia del bolchevismo*, pp. 11, 12, 24, 26, 27.Bernard Grasset, París, 1936).

Hasta la dictadura stalinista, los principales dirigentes de la Rusia soviética fueron judíos.

«Deseo sinceramente -escribía en 1924 el famoso publicista inglés Ch. Sarolea- evitar el escribir una sola línea que pueda inflamar el absceso, péro es inútil negar que el absceso existe; que los judías han desempeñado un papel dirigente en el movimiento bolchevique y que, todavía hoy, desempeñan un papel dirigente en el gobierno bolchevique, es algo que no podrán negar los que han estuado los asuntos rusos sobre el terreno. Estoy dispuesto a admitir que los elementos judíos se encuentran en proporción infinitesimal, lo mismo que los dirigentes ingleses en la India se encuentran en proporción ínfima. Pero no es menos cierto que aquellos elementos judíos son los runos de Rusia, lo mismo que los 1.500 funcionarios angloindios son los amos de la India. Para toda persona que haya viajado por Rusia, negar esta verdad sería negar la evidencia de sus propios sentidos».

(Charles Sarolea: *Impressions of Soviet Russia*, pp. 159-160, Nash y Grayson, Londres, 1924).

La dictadura no se ejerció solamente en Rusia, sino en todos los países de la Europa Central donde el bolchevismo trató de implantarse por medio de un terror sangriento; Bela Kun y Szamuelly en Budapest:[9] Liebknecht y Rosa Luxemburgo en Berlín; Kurt Eisner y Marx Lieven en Munich.

---

[9] Casi todos los jefes terroristas del bolchevismo húngaro, que debía producir tantas víctimas; eran judíos: Kunstader, llamado Kunfi, Ministro de Instrucción Pública;

El terror ha formado siempre parte del régimen soviético, y los principales teóricos y los doctrinarios del terrorismo marxista han sido judíos: Carlos Marx, Federico Engels, Leon Trotsky, Neumann, etc.

Para confirmar cuánto decimos, he aquí algunos párrafos de sus escritos.

En primer lugar, un párrafo de Marx poniendo de relieve sus ideas acerca de la violencia y de la dictadura, sólo dos años antes de su muerte. En una carta al socialdemócrata holandés Domela Nieuwenhuys, fechada el 22 de febrero de 1sg1, Marx escribía lo siguiente:

« Un gobierno socialista no puede ponerse al frente de un país si no existen unas condiciones suficientes para que pueda adoptar inmediatamente las medidas necesarias y aterrorizar a la burguesía de modo que se alcancen las primeras condiciones de una política consecuente ».

Citemos ahora el juicio de Engels sobre la Comuna:

« La revolución es indiscutiblemente la cosa más autoritaria que existe. La revolución es un acto por medio del cual una parte de la población impone su voluntad a tiros, a bayonetazos, a cañonazos, es decir, utilizando unos medios sumamente autoritarios. *El partido que ha vencido tiene que mantener su dominación por medio del terror* que aquellas armas inspiran a los reaccionarios. Si la Comuna de París no se hubiera apoyado en la autoridad del pueblo armado contra la burguesía, no se hubiera sostenido más de un día. En vez de criticar a la Comuna, ¿no sería más

---

Bohm, Ministro de la Guerra; Klein, llamado Corvin; Krammer, llamado Keri; Boris Grunblatt, Pogany, Amburger, Laszlo, Rabinovitz, Arpad Kohn, llamado Kerekes, etcétera.

justo que criticáramos el haber utilizado demasiado poco aquella autoridad?

« El proletáriado tiene necesidad del Estado, no en interés de la libertad, sino para aplastar al adversario".

(Páginas, 51-52).

Por su parte, Trotsky ha escrito un libro entero para justificar la necesidad del terror rojo, un libro que lleva el título de *Defensa del Terrorismo*,[10] y del cual reproducimos a continuación unos párrafos:

> « La idea fundamental de este libro es la siguiente: la Historia no ha encontrado hasta ahora otros medios para hacer avanzar a la humanidad que los de oponer a la violencia conservadora de las clases condenadas, la violencia revolucionaria de la clase progresista ». (Página 23).

> «... Quien renuncia en principio al terrorismo, es decir, a las medidas de intimidación y de represión con respecto a la contrarrevolución encarnizada y armada, debe renunciar también a la dominación política de la clase obrera, a su dictadura revolucionar.. Quien renuncia a la dictadura del proletariado renuncia a la revolución social y traza una cruz sobre el socialismo».

(Páginas 46-47).

> *« El terror rojo es el arma utilizada contra· una clase destinada a perecer y que no se resigna a ello.* Si el terror blanco sólo pudo retrasar la ascensión histórica del proletariado, el terror

---

[10] Leon Trotsky: *Defensa del Terrorismo*. Reeditado en 1936 por las Editions de la Nouvelle Revue Critique -París.

rojo evitará que la burguesía rusa, de acuerdo con la burguesía mundial, nos ahogue antes del advenimiento de la revolución en Europa. Hay que estar ciego para no verlo, o ser un falsario para negarlo. *El que reconoce una impotencia revolucionaria histórica en el hecho mismo de la existencia del sistema soviético, debe aprobar igualmente el terror rojo...* ».

(Página 82).

« ... *En cuanto a las devastaciones que le han sido reprochadas a la Comuna, del mismo modo que se le reprochan ahora al poder soviético, Marx habla de ellas como de «algo inevitable y relativamente insignificante* en la lucha gigantesca entablada entre la nueva sociedad que se levanta y la antigua que acaba de caer». Las devastaciones, las crueldades, son inevitables en toda guerra. *Sólo los sicofantes pueden considerarlas como crímenes* en la guerra de los oprimidos contra sus opresores, la única guerra justa de la Historia (según la definición de Marx) ».

(Página 109).

Recordemos que el judío Trotsky trata de sicofantes a todos aquellos que han quedado horrorizados por los genocidios cometidos por los Soviets contra sus propios compatriotas.

En cuanto a Neumann, escribió una voluminosa obra, *La insurrección armada* (bajo el seudónimo de Neuberg), destinada a servir de guía para la aplicación práctica del terrorismo revolucionario.[11]

---

[11] Un resumen de esa obra fue publicado por Léon de Poncins bajo el título « Le Plan communiste d'Insurrection armée ». Ed. Les Libertés Franaises - París, 1939.

En 1927, Neumann, considerado como un especialista de la insurrección, fue enviado por Moscú a China, junto a Borodine y a Galen (general Blücher), ambos también judíos, para que asumiera la dirección de los levantamientos comunistas de Shanghai y de Canton.

Aquellos levantamientos fueron ahogados en sangre por Chang Kai-Chek, y la mayor parte de los jefes comunistas fueron ejecutados. Sólo Mao-Tsé-Tung y dos o tres de los actuales dirigentes de la China comunista escaparon a la matanza·y emprendieron la famosa retirada de «La larga Marcha» para no caer en manos de las tropas que les perseguían. Neumann, Borodine y Galen huyeron a Rusia; a raíz de aquel fracaso, Neumann se hizo famoso en la historia bajo el nombre de «Carnicero de Canton». Más tarde, tomó parte tomo delegado soviético en la guerra civil española y, finalmente, los tres desaparecieron, ejecutados por Stalin, en ocasión de los famosos procesos de Moscú.

Citemos finalmente, para terminar con el terrorismo, la famosa proclama lanzada por radio por el célebre periodista judío Ilya Ehrenburg, cuando los ejércitos soviéticos empezaron a invadir el territorio de la Alemania del Este en su marcha sobre Berlín:

> «¡*Matad, matad!* *Entre los alemanes no hay inocentes, ni entre los vivos ni entre los que están por nacer.* Cumplid las instrucciones del camarada Stalin aplastando para siempre la bestia fascista en su guarida. *Humillad por medio de la violencia el orgullo de las mujeres alemanas.* ¡Matad, matad, valerosos soldados del Ejército Rojo, en vuestro asalto irresistible!»

(Citado por el Gran Almirante Doenitz: *Diez años y veinte días,* pp. 342-344).

Los judíos no han sido únicamente los teóricos del terror rojo: han sido también sus principales ejecutores.

«Desgraciadamente, los hombres de raza judía no han desempeñado únicamente un gran papel en el desarrollo de la revolución bolchevique, sino que han sido también los principales instigadores de algunos de los peores crímenes de aquella revolución. *En los anales del terrorismo hay cuatro nombres que destacan siniestramente:* Jankel Yurovsky, el monstruo que asesinó a los once miembros de la familia imperial en los sótanos de la casa Ipatief de Ekaterinenburg, incluidas las cuatro jóvenes hijas del zar; Moisés Uritsky, el primer ejecutor en jefe de la Checa; Djerdjinsky, el ejecutor general de la·Checa; Bela Kun, el verdugo de Budapest y de Crimea.

«*De esos cuatro nombres, no hay ninguno ruso. Uno de los cuatro es polaco, los otros tres son judíos*».

(Ch. Sarolea: Ob. cit., pp. 159-160).

Y Sarolea concluye con estas proféticas palabras:

«Tenemos que admitir el hecho de que la revolución soviética ha sido tramada en gran parte por hombres pertenecientes a la raza judía. Y de que los actos cometidos por esos hombres han despertado odios salvajes en el corazón del pueblo ruso.

«La fiebre bolchevique acabará por consumirse, pero la pasión antisemita crecerá a medida que el bolchevismo se debilite, y las señales precursoras de la tormenta se dibujan ya en toda la Europa Central. ¿Qué sucederá en Rusia cuando estalle, dado que el antisemitismo es más profundo en ella que en otras partes y afecta a un mayor número de individuos?»

(Ch. Sarolea: Ob. cit., p. 110).

A propósito de la revolución española, los documentos presentados por el gobierno portugués al comité de no intervención son una ilustración viviente del plan comunista de insurrección armada.

«... En su sesión del 27 de febrero del año en curso, el Komintern se ocupó de un modo especial de la «bolchevización» de España. Aquel organismo envió a la Península, para dirigir en ella la obra del comunismo, a dos técnicos que son al mismo tiempo unos conocidos revolucionarios: Bela Kun y Losovski. Les proveyó de grandes sumas de dinero y les dio el encargo de realizar los objetivos comunistas...

«*El agitador Bela Kun* y sus camaradas Losovski, Janson, Riedal, Priamo (o Primakoff), *Berzin y Neumann, llegaron a Barcelona en el mes de marzo y empezaron inmediatamente su labor...*

«*A la vista de su obra, los organizadores de la revolución española, pueden sentirse satisfechos. Español es un mar de sangre.* Las inmensas riquezas, las obras maestras que todo el oro del mundo no podrá reconstruir, las reliquias históricas que constituían un patrimonio común de muchos países han sido sacrificadas y se han perdido para siempre. Un gran número de los más altos valores morales, artísticos e intelectuales están sepultados en el silencio eterno de la muerte.

«Todas las partes del programa, elaborado hace algunos meses por el Komintern, han sido ejecutadas en la zona sometida al gobierno de Madrid. Si no lo han sido en todo el país, se debe a que la reacción nacionalista no lo ha permitido.

« Todo había sido previsto con antelación y ejecutado con método ».

En fin, los dirigentes de los regímenes soviéticos instalados después de la guerra por Moscú en los países satélites eran judíos: Rakosi en Hungría, Anna. Pauker .en Rumania, Slansky en Checoslovaquia, Jacob Berman en Polonia.

He aquí lo que dice M. Arthur Bliss Lane, ex embajador de los Estados Unidos en Polonia (1944-1947), en su libro *Yo he visto la Polonia traicionada* (Ediciones SFELT, 1949):

> « *La gran recrudescencia del antisemitismo era debida, según reconocían nuestros informadores judíos, a la impopularidad de los judíos situados en los puestos de mando, tales como Minc, Berman, Olszewski (cuyo verdadero nombre era Specht), Pivert, Radkiewics y Spychalski.* Nuestros amigos judíos nos dijeron que los judíos de Polonia mostraban muy poco respeto hacia el gobierno y encontraban ofensiva la suposición de que los ministros judíos representaban a su pueblo. Informé al Departamento de Estado de que, según las informaciones recogidas por nosotros, creía que existía en el seno de la milicia una viva animosidad contra los judíos, porque la policía de seguridad, dirigida por Radkiewics, dominaba a la milicia y al ejército, y que un general ruso, Kisiewics, dominaba a la policía .de seguridad interior (KBW).
>
> « Por otra parte, es sabido que en la U.B. y en la KBW figuraban un gran número de judíos de origen ruso ».

(Página 278).

Desde entonces, lo mismo en Rusia que en los países satélites, aquellos marxistas judíos han sido paulatinamente eliminados de los puestos de dirección para ser sustituidos por rusos y por autóctonos.

Pero, antes de caer en desgracia, los jefes de la terrible policía secreta eran a menudo judíos.

El escritor judío (converso) Fejto, de origen húngaro, en su excelente obra *Los judíos y el antisemitismo en los países comunistas*, escribe:

« *El mejor situado de los comunistas judíos polacos, servidores del Terror, era Jacob Berman...* ».

(Página 71).

Y, hablando de Hungría, nos dice:

« Entre 1945 y 1948... la población no parecía prestar demasiada atención al hecho de que los cuadros superiores del régimen (húngaro) estuvieran compuestos en su mayor parte por judíos (Rakosi, Gero, Revai, Vas, Antal Apro, Georges Lukacs, etc.). No se hizo sensible a aquel hecho hasta después de 1948, *fecha en la cual el comunismo cambió de rostro para adoptar un aspecto sectario, policíaco, opresor. Varios agentes notorios de aquella represión, especialmente Gabor Peter, el « Beria húngaro », Mihaly Färkas, Ministro de Defensa, su hijo Wladimir, torturador n.º1 de la policía política, eran asimismo de origen judío.* Una buena parte de los judíos húngaros preveían ya con espanto que el pueblo, exacerbado por el régimen de penuria y de opresión en que se había convertido la democracia popular, se alzaría contra sus verdugos. Una vez más, como en 1919 tras la caída de Bela Kun, los judíos parecían predestinados a pagar los platos rotos de un régimen, del cual algunos de ellos parecían ser los principales beneficiarios ».

(Página 93).

En el curso de las últimas décadas, numerosos y resonantes atentados han sido cometidos por judíos.

Recordemos algunos de los más conocidos:

- Desde 1905 a 1917 hubo en Rusia una serie ininterrumpida de atentados de los cuales fueron víctimas algunos de los altos personajes del régimen zarista: el Gran Duque George, tío del zar, los primeros ministros Plehve, Stolypin, etc.

- Los dos grandes jefes de la organización terrorista fueron sucesivamente los judíos Guershuni y Azef, los cuales tenían como colaboradores directos a los judíos Silberberg, Max Schweitzer, Rutenberg, etc.

- Después de la Primera Guerra Mundial, citemos el asesinato del Conde Tisza, Primer Ministro de Hungría, por instigación de los judíos Kéri, Fenyes y Pogany:

- el asesinato del Conde Stürgkh, Primer Ministro de Austria, por el socialista ju4ío Adler, hijo del jefe de la Socialdemocracia austríaca;

- el asesinato del diplomático Von Rath por Schwartzbart, en París;

- el asesinato de Lord Moyne, alto comisario británico en El Cairo;

- la voladura del hotel Rey David de Jerusalén por un grupo de terroristas judíos, causando un gran número de víctimas entre los oficiales británicos;

- el asesinato del Conde sueco Bernadotte, plenipotenciario de la O.N.U. y del coronel francés Sérot;

- el asesinato de Lee Oswald, asesino de Kennedy, por Jack Rubinstein.

Recordemos, para terminar, que los jefes de los *gangsters* norteamericanos, famosos por sus múltiples asesinatos, se reclutan principalmente entre los mafiosos italianos (Al Capone, Albert Anastasia, Frank Costello, Lucky Luciano, etc.), y los judíos (Jack Diamond, Buggsy Siegel, Meyer Lansky, Lepke Buchalter, Dutch Schultz - cuyo verdadero nombre es Fleggenheimer -, Sydney Hillman -judío de origen polaco que contribuyó poderosamente a la elección de Roosevelt gracias a la presión que ejercía sobre los sindicatos obreros norteamericanos-, etc.).

* * *

Quien siembra vientos recoge tempestades: cuando se ha desencadenado el terror revolucionario en el mundo, se acaba fatalmente por ser su víctima, es la justicia inmanente de la historia.

Cuando el terrorismo se ejerce en el sentido revolucionario, calificado de «sentido de la historia» y es dirigido por judíos, se trata de una experiencia social, «amplia, humana y generosa», a pesar de los millones de muertos que provoca.

Cuando la violencia revolucionaria se vuelve contra sus instigadores y las víctimas son judías, se trata de un «cáncer morboso de la civilización», de «una forma sádica del odio antijudío», y de una «regresión de la humanidad a las épocas sombrías del oscurantismo medieval. Los judíos se proclaman entonces víctimas inocentes de la barbarie antisemita, mártires de la humanidad, y ensordecen al mundo con sus clamores de rabia y de desesperación.

Ya que, como ha dicho Suslov, uno de los actuales dirigentes del régimen soviético: « Si se toca un solo cabello de cualquier judío, todos los demás empiezan a gritar en las cuatro esquinas del mundo ».

CAPITULO XI

2.000 AÑOS DE ANTAGONISMO

El antagonismo irreductible que opone desde hace dos mil años el Judaísmo al Cristianismo forma la trama esencial de la subversión revolucionaria moderna.

El advenimiento de Cristo fue para los judíos, y sobre todo para sus dirigentes, una catástrofe nacional. Hasta entonces, ellos, y sólo ellos, habían sido los hijos de la Alianza; habían sido sus sumos sacerdotes y sus beneficiarios. .

Los poderosos imperios que les rodeaban ignoraban o despreciaban aquel pequeño y oscuro pueblo al que consideraban uno de los más pobres en cultura y en civilización.

En su libro *Génesis del antisemitismo,* Jules Isaac nos muestra la opinión de los griegos y de los romanos acerca de Israel.

Llegó una época en que:

«El mundo griego prestó más atención a Israel, hasta entonces considerado como insignificante... Pueblo singular, incomprensible, desprovisto de todo lo que a los ojos de los griegos daba a la vida sentido, luz y belleza; sin civilización visible, sin·obras de arte; fanáticamente piadoso pero con una fe sin claridad, sin dioses concretos y convertidos en adorables por el cincel del escultor. *Y ese pueblo de nada se las da de todo, planta cara a la radiante Hélade y se atreve a darle lecciones, proclamándose maestro en orar, Elegido de la Divinidad. Asombrosa incongruencia, exasperante locura...* El antijudaísmo que nació en ciertos medios griegos fue, ante todo, eso: una respuesta a unas pretensiones consideradas intolerables y ultrajantes, un reflejo de amor propio lastimado, agravado por el desprecio, la ignorancia y la incomprensión. Aquel antijudaísmo se propagó rápidamente en toda la extensión del mundo más o menos helenizado; pero, originalmente, esencialmente, no es más que uno de los aspectos del violento antagonismo que acababa de surgir en Palestina entre judaicos y griegos, que iba a extenderse más allá de Palestina, envenenarse, y estallar después en nuevos conflictos sangrientos donde cada uno de los adversarios pogromizaría a más y mejor, donde ajusticiadores y ajusticiados serían ora los unos, ora los otros, según la ley del más fuerte. Guerras de exterminio mutuo, ha dicho el P. Lagrange ».

(Página 70).

La misma actitud por parte de los romanos:

« *Encontraban inaudito que el orden romano, la paz romana, la religión imperial que era su símbolo, fuesen negados, sacudidos por una especie de orientales agitados, descuidados, supersticiosos.*

« Augebat iras -escribe Tácito- quod soli Judaei non cessissent. Las cóleras redoblaban, porque los judíos se obstinaban en la lucha. Los muy·estúpidos.

« La santa ira llamea en Tácito... »

(Páginas 120-121).

Pero los judíos no concedían la menor importancia a lo que pudieran pensar o decir los paganos; no se sentían alcanzados, puesto que aquéllos procedían de fuera; aquello no afectaba ni a la cohesión interna de Israel, ni a su orgullo inconmensurable, ni a su inquebrantable confianza en un futuro imperial:

> «El pequeño pueblo de Israel, tal como aparece en las concepciones de los profetas, se convierte en el ombligo del mundo: todos los acontecimientos, favorables o desfavorables, son suscitados por Jehová, su dios, y todos se relacionan con Israel, *que es el centro del universo y el centro de la historia;·nada existe, ha existido o existirá que no esté en función de sus destinos. Esa visión del misticismo profético conduce a un verdadero imperialismo religioso. Según los profetas, por la gracia de Jehová, su dios, Israel está llamado a gobernar el mundo;* cuando el pueblo de los servidores de Jehová se conformará a las exigencias divinas, llegarán los tiempos en que Israel reinará sobre toda la tierra».

(G. Batault: *El problema judío*, pp. 69-70).

Pero bruscamente surge entre ellos un profeta -hombre o Dios-hijo también de la raza real de David, hijo también de la Alianza, heredero de la Promesa. Se declara enviado del más allá por Dios, su Padre, para completar y realizar la promesa de la Alianza. «No he venido a destruir la Ley, sino a cumplirla» (Mateo, V-17). Y como prueba de su misión realiza una serie de prodigios inauditos; las subyugadas multitudes le siguen.

Pero - y he aquí la extrema gravedad de su misión interpreta la Promesa en un sentido completamente nuevo:- Completamente distinto, que sacude y destruye todo el orgulloso edificio judaico, espiritualizándolo y universalizándolo.

La realización de la Promesa pasaba del plano material al plano espiritual; desbordaba el marco nacional, no estaba ya reservada a los judíos, únicos beneficiarios, sino que se extendía al mundo entero.

«La idea de una patria celestial, común a todos los hombres, venía a sustituir a la Jerusalén de los judíos: no se trataba ya de la expansión de una raza ni del triunfo de una nación establecida: el pueblo elegido era reducido a la categoría de un pueblo cualquiera entre los pueblos. Esto no podían consentirlo ni el orgullo ni el nacionalismo religioso de los judíos, era contrario a la Ley y a los Profetas, contrario a las promesas del mesianismo. Tenían que llegar los tiempos de la sumisión de los reinos a Israel».

(G. Batault: Ob.cit., p. 91).

Los príncipes de los sacerdotes y los fariseos no podían tolerar semejante blasfemia, semejante atentado a su privilegiada posición; para librarse d aquel peligroso agitador lo entregaron a los romanos y lo hicieron condenar a muerte.

Pero Cristo resucita y su predicación se extiende como un rastro de polvo a través del mundo antiguo. Los judíos denuncian a sus discípulos a las autoridades romanas-como rebeldes al emperador: Roma les persigue, les entrega a las fieras, les descuartiza, les crucifica; sin embargo, la marea sube sin cesar y alcanza las altas esferas del poder imperial, y súbitamente el mundo oscila del lado de la Iglesia de Cristo!

«28 de octubre del año 312, batalla del puente Milvius, a las puertas de Roma. Constantino contra Majencia. Constantino vencedor, Majencio ahogado (se supone) en las aguas del Tíber.

«Ha bastado una batalla para cambiar la faz del mundo, su faz religiosa...

«La victoria de Constantino ha sido considerada justamente como el punto de partida de una nueva era; la del Imperio cristiano. Es cierto que su resultado inmediato pareció ser la instauración de la libertad y de la igualdad de los cultos (313)... A partir de aquel momento, Constantino, por motivos que no han sido completamente aclarados, Constantino vencedor asocia su destino al de la Iglesia de Cristo, y ésta tiene ganada la partida: ha conquistado y conservado el favor imperial, ocupa un lugar privilegiado en el Estado, se encamina hacia una situación más elevada, más peligrosa también, la de Iglesia estrechamente unida al Estado, la de Iglesia de Estado. Enorme y -- sorprendente resolución, deplorada por unos, exaltada por otros, una de las más importantes de la Historia, de la cual el reinado de Constantino no es más que el preludio, y que continúa y se completa con el siglo, el extraordinario y Caótico siglo IV. *Pero la suerte inaudita de la Iglesia debía provocar el infortunio de la Sinagoga: para ésta, el siglo IV es una época fatal, que conduce a un futuro de angustia, de duelo y de catástrofes*».

(Jules Isaac: *Génesis del antisemitismo*, pp. 155- 156).

«Cuando, por uno de los más sorprendentes cambios de situación que conoce la Historia, la Iglesia cristiana, del rango de perseguida se eleva (o se rebaja) al rango de Iglesia victoriosa y muy pronto oficial, hace de ello unos mil seiscientos años, en tiempos de Constantino emperador, entre 312 y 337, el judaísmo experimenta asimismo un cambio de situación, pero a la inversa. Habiéndose beneficiado hasta entonces de un estatuto privilegiado en el Imperio, se vio en poco tiempo humillado, vilipendiado, despreciado. A partir de aquel omento, mediante la estrecha colaboración de la Iglesia y del Estado (cristiano), empezó a elaborarse un sistema de exclusiones, de prohibiciones, de vejaciones, el cual, sometido a innumerables vicisitudes, alcanzó su apogeo en la época en que la propia Iglesia – la Iglesia romana - ocupó de hecho el poder, en la gran Cristiandad del siglo XIII ».

Los judíos no han aceptado nunca aquella derrota, no la aceptarán nunca; la ruptura es total, definitiva. De una y otra parte, el enfrentamiento es ya irreductible:

« Si el judío tiene razón, la Cristiandad no es más que una ilusión.

« Si el cristiano tiene razón, el judío es, en la mejor de las hipótesis, un anacronismo. La imagen de los que ya no deberían existir ».

« *El cristianismo, para el judío, es la renuncia al monopolio, la renuncia a una interpretación nacionalista, por no decir racista, de « la elección »*, es la apertura a la confraternización humana y, al mismo tiempo, un gran « amén » a Dios, a todo lo que Dios decide, y la aceptación del sufrimiento y de la muerte, la renuncia al orgullo del Ego, a su interés, a su desconfianza ».

« Ningún otro pueblo, que yo sepa, ha sido sometido por el cristianismo a una prueba tan difícil.

« *Ya que para ningún otro pueblo el paso al cristianismo ha significado, a plazo más o menos largo, su desaparición como pueblo*. En ningún otro pueblo, las tradiciones religiosas, que debía abandonar por la fe de Cristo, estaban tan íntimamente ligadas a todas las manifestaciones de la Ciudad.

«En los otros pueblos del Imperio romano, la religión era en realidad una «superestructura», un adorno. Podía ser cambiado sin derribar el edificio. Para el judío, la religión era la infraestructura, la razón de ser, la base. Los apóstoles le invitaron a abandonarlo todo, ya que el cielo estaba allí, las puertas del más allá abiertas de par en par. El judío dijo: no, no es cierto, no puede ser cierto que Dios me pida eso. Que me lo demuestren.

«Así llegamos al otro motivo (o pretexto) justificativo del «no» del judío a Cristo. Este no correspondía a la idea - verdadera o falsa que el judío tenía del Mesías. Y de la salvación».

(F. Fejto: *Dios y su pueblo*, pp. 34-190 y 192).

«Al pretender ser el verdadero Israel - Israel según el espíritu, y no según la carne «despreciable»-, la teología cristiana cree haber reemplazado definitivamente a Israel. Lo malo es que, Israel no ha desaparecido, no quiere desaparecer».

(Josué Jéhouda: *El antisemitismo, espejo del mundo*, p. 50).

La divergencia irremediable se refiere a Jesús.

«Suponiendo que haya existido históricamente, para el judío no fue Dios ni Hijo de Dios».

«*El cristianismo se preocupa esencialmente de la salvación individual del horrible. El judaísmo sólo piensa en la salvación de la Casa de Israel, la único que puede permitir la salvación de las setenta naciones del universo. Tal ha sido durante siglos el objetivo de los talmudistas y de los cabalistas.* Esa perspectiva explica la promulgación de tan numerosos mandamientos. Tienen un objetivo fundamental: mantener una comunidad de la cual depende la salvación del mundo. Únicamente el rito permite integrar el judío a su comunidad ».

(Rabi: *Anatomía del judaísmo francés*, pp. 203- 204).

« El paso mediante el cual la fe cristiana conquistó su independencia debía conducirla rápidamente, fatalmente, a una guerra sin cuartel contra el Israel « según la carne », puesto que la nueva Iglesia se proclamaba el verdadero Israel de Dios y el único Israel « según el espíritu »: pero, *¿nos damos cuenta de la gravedad de semejante reivindicación? Equivalía a algo peor que a difamar al pueblo judío: equivalía 4 tratar de desposeerle del resplandor de la vida, d-el fuego sagrado, y puede decirse que de su propia alma·y además - pues tales son los estrechos* zazos, las conexiones de lo espiritual y lo temporal - de su lugar al sol, de su estatuto privilegiado en el Imperio ».

(J. Isaac: *Génesis del antisemitismo*, p. 150).

La marcha ascendente del cristianismo .duró quince siglos. En todo el período medieval el Judaísmo está completamente dominado, reducido a la impotencia: aprovechándose de la tolerancia de las autoridades, y de la protección de los Papas, tenía que limitarse a sobrevivir, acechando la posibilidad de resquebrajar por dentro el monolítico bloque cristiano;. El Judaísmo considera a aquella época como un sombrío período de oscurantismo y de barbarie, ya que Israel sólo juzga al mundo en relación a sí mismo: él es la sal de la tierra, la medida de todas las cosas. Sobrevive, tascando el freno y concentrando su odio.

Luego, el Renacimiento y la Reforma provocan una ruptura en la unidad de la Fe. El judío se aprovecha de la brecha abierta para infiltrarse, y en adelante apoyará con todas sus fuerzas todos los movimientos que debilitarán y resquebrajarán el edificio de la cristiandad: se encuentra detrás de todas las herejías, de todas las revoluciones, el Renacimiento, la Reforma., la Revolución de 1789, el Marxismo.

Durante todo aquel período., nos dice Darmesteter,

«El judío había sido el paladín de la Razón contra el espíritu mítico; en él pudo encontrar refugio el pensamiento durante la noche intelectual de la Edad Media. Provocado por la Iglesia, que quiere persuadirle después de haber tratado inútilmente de convertirle por la fuerza, la va minando con la ironía y la sagacidad de sus controversias, buscando siempre los puntos vulnerables de su doctrina. Para descubrirlos, tiene a su servicio, además de la inteligencia de los libros sagrados., la temible intuición del oprimido. *Es el doctor de la incredulidad; todos los sublevados del espíritu acuden a él1 en la sombra o .a cielo abierto. Trabaja en el inmenso taller de la blasfemia del gran emperador Federico y de los príncipes de Suabia o de Aragón, ·él es quien forja todo aquel arsenal asesino de razonamiento y de ironía que legará a los escépticos del Renacimiento, a los libertinos del gran siglo,* y tal sarcasmo de Voltaire no es más que el resonante eco de una palabra murmurada, seis siglos antes., en la sombra del *ghetto*, y aún antes (en los contra-Evangelios de los siglos II), en la época de Celso y de Orígenes en la propia cuna de la religión de Cristo».

(Citado por A. Spire: *Algunos judíos y medio-judíos*, p. 233.Grasset, París, 1928).

Bernard Lazare, por su parte, nos muestra la acción anticristiana judía en el siglo XVIII:

«*En todo el terrible anticristianismo del siglo XVIII convendrá examinar cual fue la aportación, no diré del judío, sino del espíritu judío.* No hay que olvidar que en el siglo XVII los sabios. Los eruditos como Wagenseil, como Bartolocci, como

Buxtorf, como Wolf, sacaron del olvido antiguos libros de polémica hebraica los que atacaban la trinidad, la encarnación, todos lós dogmas y todos los símbolos, con la aspereza judaica y la sutileza que poseyeron aquellos incomparables lógicos Que formó el Talmud. No sólo publicaron lós tratados dogmáticos y críticos, los Nizzachon y los Chizuk Emuna, sino que tradujeron también los libelos blasfematorios, las vidas de Jesús tales como la Toledot Jeschu, y el siglo XVII repitió las fábulas y las leyendas irrespetuosas de .los fariseos del siglo I sobre Jesús y sobre la Virgen, que vuelven a encontrarse en Voltaire y en Parny, y cuya ironía racionalista, agria *y* positiva, revive en Heine, en Borne y en Disraeli, del mismo modo que la potencia de razonamiento de los doctores revive en Carlos Marx, y la fogosidad libertaria de los sublevados hebraicos en el entusiasta Fernando Lassalle».

(Bemard Lazare: *El antisemitismo,* Tomo II, pp. 193 194).

Oigamos ahora a Josué Jéhouda:

« El Renacimiento, la Reforma y la Revolución han- -sido las tres tentativas de reforma de la mentalidad cristiana», con el fin de poner la fe al nivel de la ciencia y de la razón:

« A medida que el dogmatismo teológico pierde su imperio opresor sobre las conciencias, los judíos respiran con un poco más de libertad...*Las tres brechas abiertas en la vetusta fortaleza del oscurantismo cristiano* se extienden sobre unos cinco siglos, en el curso de los cuales los judíos eran considerados aún como los parias de la historia.

« Si bien los judíos estaban entonces al margen de toda actividad intelectual y social de los pueblos cristianos, *su pensamiento no dejó de desempeñar, a pesar de todos los ostracismos, un papel preponderante, aunque encubierto, y marca indirectamente con su huella lo mismo el Renacimiento que la Reforma y la Revolución*... y no es por casualidad que aquellas tentativas fueran inspiradas por el estudio asiduo de las fuentes judías en una época en que los judíos eran víctimas aún de la suspicacia y del desprecio». (Josué Jéhouda: *El antisemitismo, espejo del mundo,* pp. 161-162).

Jéhouda nos demuestra con ejemplos concretos el papel desempeñado por judíos o por hebraizantes tales como Pico de la Mirandola y Jean Reuchlin en aquella transformación de la cristiandad.

Pico de la Mirandola, muerto en Florencia en 1494, fue un hebraizante que se consagró al estudio de la Cabala bajo .la dirección de maestros judíos tales como Jéhuda Abravanel:

«En la principesca mansión de Pico de la Mirandola, en Florencia, se reunían los sabios judíos... - El descubrimiento de la Cabala judía, que dio a conocer a algunos preclaros cristianos, contribuyó mucho más que el retorno a las fuentes griegas a la extraordinaria eclosión espiritual llamado Renacimiento. Medio siglo más tarde, la rehabilitación del Talmud conducirá a la Reforma... Pico de la Mirandola había comprendido que el indispensable saneamiento de la dogmática cristiana sólo podía ser realizado mediante el profundo estudio de la Cabala auténticamente judía...»

(Josué Jéhouda: Ob. cit., p. 164).

«Con la Reforma, que estalló en Alemania cincuenta años después del final del Renacimiento, la universalidad de la Iglesia queda destruida. Empieza una nueva era. El Renacimiento no había conseguido sanear la·dogmática cristiana; la Reforma acaba por embrollar todavía más «la problemática de la cristiandad», ya evidente. Puede resumirse así: «Cómo vencer su 'dualismo básico, procedente de un doble origen contradictorio: Jerusalén y Atenas, de las cuales Roma asumió la, sucesión». Desde luego, es notorio que la Reforma fue llevada a cabo por Lutero (1483-1546), Calvino (1509-1564) y Zwinglio (1484- 1531), pero lo que suele ignorarse es que antes, Jean Reuchlin (1455-1522), discípulo de Pico de la Mirandola, había removido la conciencia cristiana al sostener ya en 1494 «que no .había nada superior a la sabiduría hebraica». Y cuando en 1509 un judío renegado, Joseph Pfefferkom, obtuvo después de varias tentativas anteriores la condena definitiva del Talmud - ese compendio colectivo que resume mil años de sabiduría judía -, Jean Reuchlin no retrocedió ante ninguna amenaza ni temió exponerse a todos los peligros para defender ante el Emperador y el Papa la valía extraordinaria del Talmud, cuyo verdadero sentido había penetrado.

«Con el retorno a las fuentes antiguas, Reuchlin preconizó también el retorno a las fuentes judías. Finalmente, le ganó la partida al converso Pfefferkorn, el cual pedía a voces la destrucción del Talmud. «El nuevo espíritu que iba a· revolucionar a toda Europa -escribe el historiador Graetz- se manifestó a propósito de los judíos y del Talmud». Sin embargo, la Reforma, que dio a conocer la Biblia en su texto de superficie, se mostró todavía más incapaz que el Renacimiento de purificar al cristianismo de su antisemitismo congénito. No sin asombro, se encuentran tantos antisemitas entre los protestantes como entre los católicos. La Reforma, habiendo desembocado en un callejón sin salida intelectual, adoptó el fideísmo como principio, excluyendo toda posibilidad de razonar su fe...»

«También la Reforma experimentó la atracción irresistible del «milagro griego» que dualiza el pensamiento 'separándolo de la fe, y adoptó sin darse cuenta el laicismo pagano que preparó el terreno al ateísmo, el cual aparece por primera vez en la historia de los pueblos cristianos con la Revolución francesa. La actitud claramente antirreligiosa de la Revolución francesa se prolongó a través del comunismo ruso y contribuyó poderosamente a descristianizar al mundo cristiano...»

«La tercera tentativa para modificar la posición cristiana se llevó a cabo, después del fracaso de la unificación de la cristiandad por medio de la Reforma, bajo el impulso de la Revolución francesa».

«La Revolución francesa y, más tarde, la Revolución rusa, si bien liberan al judío en los terrenos social y político experimentan hacia la religión monoteísta de Israel el mismo desdén manifestado por la teología cristiana...

«El laicismo, surgido de la Revolución, confiere al judío su dignidad de hombre, pero la teología cristiana no ha renunciado aún a su desdén espiritual en lo que a él respecta. De ahí procede la actitud ambivalente del mundo moderno en lo que respecta al judío, y los sucesivos estallidos del antisemitismo...»

«El antisemitismo, esa fiebre aftosa de la cristiandad, se muestra rebelde incluso después de las tres tentativas de depuración del dogmatismo -cristiano. Sin embargo, y a pesar de todas las depuraciones sucesivas, la cristiandad permanece apegada a su mitificado dogmatismo que engendra, inevitablemente, el antisemitismo. La afirmación de que el cristianismo ofrece la última fase del desarrollo espiritual del Judaísmo debe·ser reconsiderada en interés mismo de la cristiandad y, en consecuencia, de la civilización occidental....»

« El que profundiza en el sentido de la historia universal, para obtener una visión de conjunto, descubre que desde la antigüedad hasta nuestros días dos corrientes opuestas se disputan la historia, penetrándola y moldeándola sin cesar la corriente mesianista y la corriente antisemita, bajo los nombres más diversos... »

« Pero el sentido de la historia permanece idéntico en todas las épocas: es una lucha sorda o abierta entre las fuerzas que trabajan para el progreso de la humanidad, y las fuerzas que se aferran a los intereses creados, obstinándose en mantener lo que subsiste en detrimento de lo que debe venir ».

« Ya que mesianismo y antisemitismo constituyen los dos polos opuestos de la humanidad en marcha. El antisemitismo es el polo negativo del mesianismo... »

(Josué Jéhouda: Ob. cit., pp. 164-169-170-172-173-174-186).

Actualmente, el ataque cobra nuevo vigor bajo la égida del Ecumenismo y los judíos llevan la guerra al interior mismo d la Iglesia·. Con el apoyo de los progresistas, atacan la doctrina tradicional de la Iglesia en lo que respecta al Judaísmo. Es la batalla del Concilio, que hemos expuesto en la primera parte de esta obra.

Se nos dice que un acuerdo es posible y deseable. Deseable, desde luego; pero, ¿posible·? Para los judíos talmudistas, el acuerdo no es más que el abandono. puro y simple parte del Cristianismo de todo lo que constituye la esencia de su doctrina y el retorno íntegro al Judaísmo, el cual no cede en .nada, no abandona ninguna de sus posiciones, mantiene su absoluta intransigencia.

Todos los pensadores judíos, rabinos y dirigentes del Judaísmo, se muestran unánimes en ese punto.

Veamos lo que André Spire nos dice de Darmesteter:

«Al margen de toda confesión, por encima de todo dogma, ha permanecido fiel al espíritu de las Escrituras. Por añadidura, mediante un original giro del pensamiento, ha hecho entrar las partes más bellas del cristianismo en el judaísmo y, conduciendo a la Iglesia a la sinagoga, *reconcilia a la madre y la hija en una Jerusalén ideal. Péro es la hija, como es lógico, la que reconoce sus fallos y confíes a sus errores*».

(A. Spire: Ob. cit., p. 255).

Oigamos ahora a Josué Jéhouda:

«Un profeta moderno exclamó un día: «*Vergüenza y maldición sobre vosotros, pueblos cristianos, si continuáis empeñados en ahogar la tradición monoteísta de Israel. Ya que sin la renovación del monoteísmo mesiánico, no existe salvación para vosotros y para el mundo*».

(Josué Jéhouda: *El antisemitismo, espejo del mundo*, p. 349).

Oigamos también a Rabi:

«No es la cruz lo que colmará el cisma entre el pueblo judío y el conjunto de las naciones, como cree Lovsky. Lo único que lo hará posible será la adhesión del mundo a la idea judía de filiación común. No hay otra moral para el hombre, no otros fines para la historia».

(Rabi: *Anatomía del judaísmo francés*, p. 186).

Sobre esa misma cuestión damos a continuación un breve resumen de la importante introducción que Elie Benamozegh, uno de los pensadores más eminentes del Judaísmo, apodado «el Platón del Judaísmo italiano», consagra a su obra *Israel y la Humanidad,* porque resume de un modo perfecto el pensamiento judío.

Después de haber comprobado la crisis religiosa en el mundo, Elie Benamozegh opina que el único modo de resolverla es llegar a una unidad religiosa, y busca las condiciones en las cuales podría llegarse a un acuerdo.

Para ese rabino, ferviente cabalista, la religión del futuro no puede ser el racionalismo, el cual, simple producto de la mente humana, no se apega más que a las cosas inteligibles y mudables. En efecto, la religión, acto de adoración y culto de lo Absoluto, sobrepasa nuestros sentidos y nuestras facultades e implica una verdad basada en la Revelación.

Únicamente las religiones surgidas de la Biblia y de la Tradición, el Judaísmo, el Cristianismo y el Islamismo, poseen aquella condición.

Pero, entre ellas, el Judaísmo ocupa una situación preeminente. Primogénito de los hijos de Dios, guardián del mesianismo, la función sacerdotal en la gran familia de las naciones pertenece de derecho a Israel, ya que en la antigüedad el primogénito:

> «era el sacerdote de la familia, encargado de hacer cumplir las órdenes del padre y de reemplazarle en su ausencia. Era el que administraba las cosas sagradas, el que oficiaba, enseñaba, bendecía. En reconocimiento a sus servicios, recibía una doble parte de la herencia paterna y la consagración o imposición de las manos... Tal era la concepción judía del mundo. En el cielo un solo Dios, padre común de todos los hombres, y en la

tierra una familia de pueblos, entre los cuales Israel es el primogénito encargado de enseñar y de administrar la verdadera religión de la humanidad, de la cual es el sacerdote». (Elie Benamozegh: Ob. cit., p. 40).

El Judaísmo, pues, tiene que convertirse en la religión del género humano, y el concepto judío del mundo debe imponerse sobre todos los demás.

El Cristianismo, surgido del hebraísmo, a pesar de su venerable y antigua tradición tiene que remontarse a la tradición más antigua y ms auténticamente divina que lo ha formado. Debido al exceso de sus sectas, a sus errores y a sus discordias, a la oscuridad de sus dogmas, no responde ya a las aspiraciones d los tiempos modernos. Para subsistir, debe reformar sus partes defectuosas aceptando el ideal que el Judaísmo se ha formado del hombre y de la sociedad, y volver a la fe primitiva en Dios y en su revelación. Unicamente en esas condiciones conservará su carácter de mesianismo, podrá unir sus esfuerzos a los del Judaísmo con vistas a asegurar el futuro religioso de la humanidad y continuará siendo la·religión de los gentiles:

«La reconciliación soñada por los primitivos cristianos como una condición de la *parousie*, o advenimiento final de Jesús, el retorno de los judíos al seno de la Iglesia, sin el cual las diversas comuniones cristianas están de acuerdo en reconocer que permanece incompleta la obra de la redención, ese retorno, afirmamos nosotros, no se efectuará en realidad como se ha esperado, sino del único modo serio, lógico y durable, y sobre todo del único modo provechoso para el género humano: será la reunión del hebraísmo y de las religiones que han surgido de él, y... «el retorno del corazón de los hijos a sus padres».

(Elie Benamozegh: Ob. cit., p.48).

Una magnífica respuesta a esos furiosos anatemas la encontramos precisamente en un escritor judío al cual ya nos hemos referido, el Dr. A. Roudinesco. Veamos lo que dice en su libro *Le Malheur d'Israel:*

> «Se ha llamado milagro judío a la supervivencia hasta nuestros días de esa pequeña comunidad, a pesar de las persecuciones y de sufrimientos inauditos. Esa supervivencia no es un milagro: en el mejor de los casos es una desgracia. *El verdadero milagro judío es la conquista espiritual de la humanidad por el cristianismo. La misión del pueblo elegido ha terminado desde hace mucho tiempo. Aquellos, de entre los judíos, que esperan perfeccionar algún día el cristianismo por medio de un mesianismo renovado, ignoran las leyes esenciales de la evolución de·la humanidad*».

(Dr. A. Roudinesco: Ob. cit., pp. 197-198).

Conclusión

Capítulo XII

Problema de actualidad
Malestar judío y malestar cristiano

En 1962; un escritor judío de origen tunecino establecido desde hace muchos años en Francia, A. Memmi, publicó en la N.R.F. una obra titulada *Retrato de un judío*.

Ese libro es muy instructivo, ya que nos muestra con una gran claridad las profundas reacciones de un judío ante a antigua civilización cristiana y nacional como la civilización francesa.

A continuación reproducimos un párrafo que resume todo lo que hemos expuesto a lo largo del presente estudio: A. Memmi manifiesta su comodidad y su aprensión cuando se trata del pasado histórico de nuestro país:

« Basta de galos, por favor. Basta de celtas, de germanos, de eslavos, de conquistadores romanos y de conquistadores árabes. Porque entonces me siento solo y desnudo: mis antepasados no han sido nunca ni galos, ni celtas, ni eslavos, ni germanos, ni árabes, ni turcos...

« Yo no he podido nunca decir « nosotros » al pensar en esas ascendencias históricas de las cuales se enorgullecen mis conciudadanos. Nunca he oído a otro judío decir « nosotros" con naturalidad, sin hacerse vagamente sospechoso de ligereza, de condescendencia o de hipocresía ».

(A. Memmi: *Retrato de un judío*, p. 186, Gallimard, 1962).

Hay, pues, entre los judíos y las naciones un antagonismo racial y nacional, pero hay, más profundo todavía, un antagonismo religioso:

« Cuando hace algunos años salí de Túnez para trasladarme a Francia, sabía que salía de un país musulmán, pero ignoraba que iba a un país católico. Unas cuantas semanas bastaron para imponerme esa evidencia.

« Descubrí rápidamente que la realidad francesa es inextricablemente confusa, liberal y católica, clerical y anticlerical al mismo tiempo. Pero el fondo común cristiano se encuentra en todas partes, más o menos diluido, más o menos ruidoso.

« Francia, a pesar de todo, continúa siendo un país católico, del mismo modo que Norteamérica es un país protestante.

« Cuando viajo por el interior de este país, ¿qué es lo que me muestran con justificado orgullo? ¿Qué es lo que yo mismo pido que me enseñen, espontáneamente, sino las iglesias, las capillas, los baptisterios, las Vírgenes, los objetos del culto, y muy pocas cosas más? He comprobado la exactitud de las descripciones de escritores ecuánimes: los pueblos están apretados alrededor de su iglesia, alrededor de los campanarios, que los señalan desde lejos y parecen protegerlos.

« ¿Es un caso exclusivo de Francia? No, desde luego; el año pasado quedé estupefacto e indignado primero, y luego amargamente divertido; al leer en los periódicos italianos la solemne declaración de Togliatti, jefe de los comunistas italianos, estin1ulando y bendiciendo a «los comulgantes comunistas». Lo sé: se me dirá que se trata de simple «táctica»... Pero, si es necesaria la táctica, significa que existe una realidad con la cual hay que enfrentarse. Y la realidad, en este caso, estriba en que el pueblo italiano es profundamente católico, como lo es el pueblo polaco, como lo es el pueblo español, etc.». «Lo que constituye mi situación religiosa no es tanto el grado de mi profunda religiosidad como el hecho de que no pertenezco a la religión de los hombres entre los cuales vivo, de que soy un judío en medio de no-judíos. Lo cual significa asimismo que mis hijos, mis padres, mis amigos, se encuentran en ese caso. *Hasta cierto punto, me encuentro siempre al margen del universo religioso, de la cultura, de la sociedad de la cual formo parte en otros aspectos.*»

«La legalidad de los países cristianos es una legalidad de inspiración cristiana apenas disfrazada, y a menudo proclamada; la legalidad de los países musulmanes es una legalidad musulmana sin reticencias».

«La religión de los otros está en todas partes, en la calle y en las instituciones, en los escaparates y en los periódicos, en los objetos, en los monumentos, en los discursos, en el aire: el arte, la moral y la filosofía son tan cristianos como el derecho y la geografía. La tradición filosófica que se enseña en las escuelas, los grandes temas de la pintura y de la escultura están tan impregnados de cristianismo como la legislación del matrimonio. Encontrándome el año pasado en la Costa· Azul, me divertí observando los pueblos que llevan nombres de santos: Saint-Tropez, Sainte-Maxime, Saint-Raphael, Saint-Aygulf... Por otra parte, ocurre lo mismo con las estaciones del Metro de París. Si mis recuerdos son exactos, mi primera irritación contra París, ciudad a la que por otra parte quiero tanto, fue de origen religioso. Ocupado parte del día en un desagradable trabajo, por la noche velaba hasta muy tarde para progresar en mis estudios; cada mañana me despertaban unas campanas lanzadas al vuelo, insistiendo largamente, y volviendo a la carga cuando estaba a punto de quedarme dormido de nuevo. Entonces, todo hay que decirlo, vivía en un pequeño hotel a dos pasos de una iglesia: pero en esta ciudad siempre se está a dos pasos de una iglesia. *Aquellas campanas anunciaban unos deberes comunes a los demás, pregonaban su unión; al mismo tiempo, señalaban a]!lis oídos mi exclusi6n de aquella comunidad* ... Estaba en un país católico; todo el mundo debía encontrar normales y quizás agradables aquellas campanas matutinas, excepto yo, y los que eran como yo, que me sentía' molesto e indignado. Con una indignación impotente, por añadidura, ya que los otros, los que no se sentían molestos por el toque de las campanas, que tal vez ni siquiera les despertaban, eran el número y la fuerza. Lo que a ellos les preocupa, lo que ellos aprueban· es la legitimidad.- Aquellas campanas no son más que el eco familiar de su álma común...»

¿Se dan cuenta siempre, los cristianos, de lo que el nombre de Jesús, su Dios, puede significar para un judío? Para un cristiano,, incluso convertido en ateo, evoca, o al menos ha evocado, una inmensa virtud, un ser infinitamente bueno, que se propone como el Bien y que ha venido a sustituir todas las filosofías y todas las morales del pasado. Para el cristiano que continúa siendo creyente, resume y realiza la mejor parte de sí mismo. El cristiano que ha dejado de creer no se toma ya esa·ambición en serio, incluso puede experimentar un resentimiento, acusar a los sacerdotes de incapacidad o aún de falsedad; pero, si denuncia una ilusión, no pone en duda, generalmente, la grandeza y la belleza de la ilusión. *Para el judío que no ha dejado de creer y de practicar su propia religión, el cristianismo es la mayor usurpación teológica y metafísica de su historia; es una blasfemia, un escándalo espiritual y una subversión*. Para todos los judíos, aunque sean ateos, el nombre de Jesús es el símbolo de una amenaza, de esa gran amenaza que pende sobre sus cabezas desde hace siglos, y que en cualquier momento puede estallar en catástrofes, sin que ellos sepan por qué, ni cómo prevenirlas. Ese nombre forma parte de la acusación, absurda, delirante, pero de una eficaz crueldad, que les hace la vida social apenas respirable. Ese nombre ha acabado por ser, finalmente, uno de los signos, uno de los nombres del inmenso aparato que les rodea, les condena y les excluye. Que mis amigos cristianos me perdonen; para que me comprendan mejor, y para utilizar su propio lenguaje, diré que *para los judíos, su Dios es un poco el diablo. Si el diablo, como ellos afirman, es el símbolo, la condensación del mal sobre la tierra, inicuo y todopoderoso, incomprensible y obstinado en aplastar a los desamparados humanos.*

«Un día, en Túnez, un idiota judío (siempre teníamos cierto número de esos desgraciados que frecuentaban los cementerios y las reuniones comunitarias), al ver pasar un entierro cristiano se sintió súbitamente poseído por un insólito furor. Con un cuchillo en la mano, se precipitó sobre el cortejo, el cual se dispersó aterrorizado, en tanto que el idiota, sin mirar siquiera a la multitud aullante de terror, se acercó rápidamente a uno de los monaguillos... y le arrancó el crucifijo e las manos, lo tiró al suelo y lo pisoteó rabiosamente largo rato. Tardé bastante en comprender aquel hecho: la ansiedad se expresa como puede; el idiota respondía a su modo a *nuestro común malestar ante aquel mundo de crucifijo, de sacerdotes y de iglesias, símbolos concentrados de la hostilidad, de la extrañeza de aquel universo que nos rodeaba en cuanto salíamos del angosto espacio del ghetto*».

«*Ahora estoy convencido de que la historia de los pueblos, su aventura colectiva, es una historia religiosa;* no solamente marcada por la religión sino vivida y expresada a través de la religión. Esa fue una de nuestras grandes ingenuidades, y muy nociva: el haber creído, en nuestros medios llamados de izquierda, en el final de las religiones. Fue un gran error haber tratado de minimizar su papel en la comprensión del pasado de los pueblos. No se trata de celebrarlo ni de lamentar!, sino de comprobar su extraordinaria importancia y tenerla en cuenta. Hoy me parece evidente que toda la vida colectiva de los cristianos está determinada aún en su conjunto por el cristianismo; su historia pasada y la historia que continúa haciéndose. Ved aún esas sucesivas consagraciones· que jalonan la historia y la vida de Francia; la consagración de Carlomagno y la de Clovis, la consagración de Carlos VII y la de Napoleón. Se sabe el lugar y el papel de la Iglesia en las costumbres y en la política: esas regiones enteras dependientes de las consignas de sus párrocos...

«Todo eso es trivial, desde luego; hasta tal punto, que apenas se piensa ya en su significado. Se descubre todavía mejor., quizás, la intensidad de lo religioso en los momentos de fiesta, cuando lo religioso culmina, cuando la colectividad adquiere conciencia de ella misma, como un ser único. Por una ironía de la suerte, no menos trivial e incomprensible, es entonces cuando el judío se descubre más excluido. En el instante en que el cuerpo social se unifica más en la comunión recobrada, en el recuerdo de los dramas y de las victorias comunes, el judío mide mejor su no-coincidencia, su distanciamiento de la comunidad. Entonces, todo se lo recuerda, con más insistencia que de costumbre: los periódicos, la radio, las calles, las manifestaciones públicas de los jefes de la nación. En la semana de Navidad, los discursos científicos, políticos, en la radio, en la televisión, empiezan con unas invocaciones: «En estos días en que todos los hombres se sienten niños de corazón ... »

¿Todos? Yo, no; yo no pertenezco a esa comunión Uno de los primeros gestos del general De Gaulle al asumir el poder fue el de dirigirse al Papa solicitando su bendición para Francia y para los franceses. *¿Forma parte el judío de esa Francia? En·caso afirmativo, ¿cómo puede aceptar que sea bendecido por el Papa, y él con ella?* En realidad, los jefes de Estado obran como si el judío no existiera. Es cierto que apenas cuenta, que ni siquiera se atreve a contar él mismo: de no ser así, *¿cómo toleraría que el je fe del Estado, es decir, su representante, fuera a la iglesia en el ejercicio de sus funciones, es decir, en su nombre?* El nuncio apostólico es decano del cuerpo diplomático: ¿con qué derecho? Por una simple deferencia hacia la religión católique no es la suya (la del judío). En los momentos de mayor efusión, en las ceremonias y en los ritos comunes, en el sepelio de los héroes, en la celebración de las victorias, o en las catástrofes ferroviarias, el judío comprueba con más fuerza su aislamiento y su escasa importancia; y su corazón se oprime al descubrir que aquella efusión, aquella reconciliación- general, donde todos sus conciudadanos vuelven a encontrarse, redescubriéndose orígenes y proyectos comunes, le dejan al margen.

« Me doy cuenta, en el mismo instante de enunciarla, de lo que mi protesta puede tener de poco convincente y de irrisoria, y mi reclamación de exorbitante. ¿Acaso pretendo imponer mi ley a la mayoría? ¿No es natural que una nación viva según los deseos, las costumbres y los mitos del mayor número? Pero, me apresuro a decirlo; lo reconozco inmediatamente: completamente natural.. No veo cómo podría vivir de otro modo. Debo confesar, incluso, que hoy tengo un concepto distinto del fenómeno religioso. Continúo creyendo, desde luego, en lo nocivo de la influencia clerical en la vida de una nación, en la necesidad de luchar contra toda influencia política de los sacerdotes y contra toda utilización política de la religión. Pero creo también que el fenómeno religioso no es una invención de los curas o d una sola clase dominante. Es una expresión, de las más importantes y significativás11 de la vida de todo el grupo».

« El judío es el que no pertenece a la religión de los otros. Quisiera, sencillamente, llamar la atención sobre esa diferenciá. y sus consecuencias, vividas por mí. *Es evidente que tengo que vivir una religión que no es la mía y que rige y determina toda la vida colectiva.* Tengo que salir de vacaciones en las fiestas de Pascua cristianas y no en la Pascua judía. Que no se me replique que numerosos ciudadanos no judíos condenan también esa contaminación. No se trata más que de una condena teórica: su vida cotidiana permanece ordenada por la religión común, que al menos fue su religión y que no les desgarra. « Lo malo -me decía, medio en broma, medio en serio., uno de mis amigos no-judíos- es que ni si quiera has sido cristiano ».

« Ya he contado en otro lugar cómo nuestra adolescencia y nuestra madura juventud se negaban igualmente a pensar en serio en la posibilidad de persistencia de las naciones: *Vivíamos en la entusiasta espera de nuevos tiempos, inauditos, y creíamos ver ya sus signos precursores: la agonía, decisivamente iniciada, de las religiones, de las familias y de las naciones. Los Retrasados de la historia que se aferraban a esos residuos sólo nos inspiraban cólera, desprecio e ironía.* Hoy comprendo mejor por qué poníamos tanto ardor en cultivar tales esperanzas. Desde luego, el humor impaciente y generoso de la adolescencia, que la impulsa a liberarse y a liberar al mundo entero de todas las trabas, encaja de un modo especial en las ideologías revolucionarias. Pero, además, éramos judíos. Estoy convencido de que el hecho de ser judíos no era ajeno al vigor de nuestra elección: por encima de las familias, las religiones y las naciones de los demás, que nos rechazaban y nos aislaban en nuestro judaísmo, queríamos volver a encontrar a todos los hombres y, de repente, convertimos en hombres como los demás.

«Bueno, sea que nos equivocábamos del todo, sea que hayamos entrado en un período de reflujo, sea simplemente que me he hecho viejo, *me he visto obligado a admitir que aquellos residuos poseían la vivacidad de la grama y se obstinaban en continuar siendo unas estructuras profundas de la vida de los pueblos*, unos aspectos esenciales de su ser colectivo. La guerra se hizo en nombre de las naciones, y la Paz confirmó a las más antiguas e hizo nacer otras nuevas. La postguerra vivió un indiscutible renacer religioso que llevó, en una parte de Europa, a unos partidos confesionales al poder. Por haber comprendido eso, los comunistas, atentos siempre al pulso de los pueblos, felicitan a los *comulgantes comunistas*, proponen a los cristianos su «mano tendida» y se proclaman patriotas y nacionales. Los socialistas ni siquiera tienen necesidad de fingir».

«Al parecer, estamos condenados, y por mucho tiempo, a las religiones y a las naciones. Una vez más me limito a dar constancia de una realidad, no la juzgo.

«¿Qué va a ser de nosotros? ¿En qué quedarán nuestras esperanzas de adolescentes? Lo que sentíamos de un modo confuso, lo que queríamos suprimir rechazando toda la sociedad de entonces, no quiero ni puedo ocultármelo ya a mí mismo: *siendo lo que es el estado religioso de los pueblos, siendo lo que es la nación, el judío se encuentra, hasta cierto punto, al margen de la comunidad nacional*».

«*La historia del país donde vivo se me aparece como una historia de prestado. ¿Cómo podría sentirme representado por Juana de*

Arco, cómo podría oír con ella sus voces patrióticas y cristianas?[12] Sí, todavía la religión. Que me den una receta para pensar independientemente en la tradición nacional y la tradición religiosa. No puedo olvidar que la heroína nacional llevaba su espada como· una cruz como la mayoría de los héroes históricos; al morir, Bayardo pedía que le dejaran besar su espada; doble símbolo fundido en uno. ¿Cómo podría identificarme con Clovis, ingenuo y bueno al decir de los manuales de la escuela primaria pero que, al parecer, hubiera exterminado de buena gana a los malvados judíos? ¿O con Napoleón, tan ambiguo, tan halagado por los judíos de su época? ¿O, con mayor motivo, a los zares pogromistas o a los soberanos orientales? *En verdad, me resulta imposible coincidir seriamente con el pasado de ninguna nación* ».

(A. Memmi: Ob. cit.).

Dado que los judíos no pertenecen a nuestra raza, no siendo « ni galos, ni celtas, ni eslavos, ni germanos ».

Dado que nuestras tradiciones nacionales les resultan completamente extrañas.

Dado que nuestra caballeresca, con su histórico pasado de honor y de devoción les parece una época odiosa.

---

[12] Asistiendo, el 8 de mayo de 1939, a las fiestas del aniversario de la liberación de Orleans por Juana de Arco, fuimos testigos del espectáculo siguiente:
Las solemnidades, que tienen una resonancia mundial, estaban presididas por el diputado de Orleans, Ministro de Educación Nacional, Jean Zay (judío).
El estandarte nacional le fue entregado solemnemente al obispo en el atrio de la catedral por M. Claude Léwy (judío), alcalde de Orleans.
Las tropas desfilaron ante la estatua de la heroína francesa al mando del general Bloch (judío), jefe de la región militar.
El orden público estaba asegurado por M. Sée (judío), Procurador de la República.
La Lorena, enviada de Dios, estaba personificada en el teatro bajo los rasgos de Madame Ida Rubinstein (judía), con música glorificadora de M. Arthur Honneger (judío).

Dado que nuestra religión es «una blasfemia, un escándalo espiritual y una subversión» (Memmi).

Dado que nuestro Dios, a los ojos de los judíos, es «un poco el diablo, es decir, la condensación del mal sobre la tierra, que les hace apenas respirable la vida social» (Memmi).

Dado que nuestros Evangelistas, según Jules Isaac, son unos embusteros y unos falsarios.

Dado que nuestros grandes santos y Padres de la Iglesia, siempre según Isaac, son: vulgares libelistas, teólogos odiosos y venenosos, violentos e inicuos, los verdaderos precursores de Hitler y de Streicher y responsables lejanos de Auschwitz.

Dado que nuestras catedrales góticas, son, según Enrique Heine, «las más terribles fortalezas de sus enemigos». Dado que los nombres de santos que llevan nuestros pueblos y nuestras estaciones de Metro les resultan ofensivos.

Dado que las campanas de nuestras iglesias hieren los oídos judíos.

Dado que es inadmisible a sus ojos que:

1.º) El Presidente de· la República asista oficialmente a una ceremonia religiosa católica (o protestante en un país protestante);

2.º) el Papa bendiga nuestro país;

3.º) el Nuncio sea el decano del Cuerpo Diplomático, por el simple hecho de ser el Nuncio.

Dado que les parece intolerable que las fiestas cristianas, y no las fiestas judías, determinen la fecha de las vacaciones.

Dado que desean con todas sus fuerzas presenciar la agonía de las religiones, de las naciones y de las familias[13] -las de los demás, por lo menos, ya que la religión, la nación y la familia judías conservan su carácter de intocables.

Dado que constituyen una minoría de quinientos mil en un país de cincuenta millones de habitantes, cabe preguntarse si es legítimo, útil, juicioso y oportuno que los judíos sean o hayan sido entre nosotros:

> Ministros y Presidentes del Consejo,
> Embajadores de Francia,
> Miembros de la Academia Francesa.
> Grandes Cancilleres de la Legión de Honor,
> Generales,
> Rectores de Universidades e Inspectores de la Instrucción Pública,
> Conservadores de la Biblioteca Nacional.
> Jefes de Policía y de los Servicios de Información,
> Jueces de Instrucción.
> Directores de bancos nacionalizados,
> Directores de grandes compañías nacionalizadas: automóviles, aviación., navegación, etcétera,
> Directores de Teatros nacionales,
> Autores de manuales clásicos de Historia de Francia, etcétera.

---

[13] En lo que respecta a la familia, resulta muy aleccionadora de lectura del libro de León Blum « Du Mariage », reeditado en 1936, cuando M. Blum fue presidente del Consejo. Entre otras cosas., aconseja a las jóvenes a entregarse libre· mente a numerosas experiencias amorosas antes del matrimonio. En ese punto, León Blum es de una liberalidad tal, que les aconseja que den satisfacción a sus instintos amorosos en familia, ya que por su parte « no ha podido comprender nunca lo que tenía de repulsivo el incesto ».

Cuando se han leído las obras de Enrique Heine, Bernard Lazare, J. Darmesteter, Kadmi Cohen, Daniel Pasmanik, Ludwig Lewisohn, Emil Ludwig, Walter Rathenau, Alfred Nossig, Léon Blum, Josué Jéhouda, Edmon Fleg, Elie Benamozegh, André Spire, Elie Faure, Jules Isaac, Rabi, Max l. Dimont, Memmi y compañía, se llega fatalmente a una conclusión: es completamente legítimo e incluso loable que los judíos defiendan y conserven sus propias tradiciones; es completamente legítimo que puedan vivir en los distintos países occidentales sin ser molestados y perseguidos.

Pero es inadmisible que se aprovechen de esa tolerancia para infiltrarse en todos los puestos d mando y para minar, disgregar y finalmente destruir nuestras propias tradiciones, religiosas, nacionales y culturales. Las reacciones francesas y occidentales que los judíos califican de antisemitismo son esencialmente reacciones de defensa y de protección contra una influencia extranjera tanto más peligrosa por cuanto opera en el seno mismo de nuestras instituciones y se cubre con una fraudulenta, etiqueta de ciudadanía francesa en Francia, inglesa en Inglaterra, alemana en Alemania, etcétera.

Y lo que decimos desde el punto de vista nacional, es igualmente cierto desde el punto de vista religioso.

Capítulo XIII

El voto del 15 de octubre de 1965 sobre la cuestión judía y sus consecuencias

La cuarta y última sesión del Concilio se abrió el 14 de septiembre de 1965, y el Esquema sobre la cuestión judía fue sometido de nuevo al voto de los Padres Conciliares - los días 14 y 15 de octubre - bajo el título de «Esquemas sobre las religiones no-cristianas».

Después del voto de noviembre de 1964, que el Papa se había negado a promulgar, el texto original había sido profundamente modificado por la comisión conciliar encargada de la preparación del esquema. El nuevo texto, sometido a la aprobación del Concilio, era mucho menos servil hacia las exigencias judías, formuladas con tanta altivez por Jules Isaac, y resultaba más aceptable para unas conciencias tradicionalistas; con todo, dejaba subsistir algunos equívocos y ambigüedades que podían ser interpretados como el anuncio de una revisión, prudente si se quiere, pero revisión a fin de cuentas, de la actitud católica en lo que respecta al judaísmo, actitud que había permanecido invariable desde hacía quince siglos.

Más adelante estudiaremos brevemente este nuevo texto que fija la posición actual de la Iglesia con respecto al judaísmo - contemporáneo; antes, hagamos una rápida exposición de ese voto histórico.

A principios 4e octubre se entabla «la gran batalla sobre la cuestión judía», la cual adquiere un giro sumamente violento. En noviembre de 1964, la minoría tradicionalista había sido cogida por sorpresa, pero había tenido tiempo de reaccionar, dándose cuenta de la gravedad de aquel voto para el futuro de la Iglesia, y se batía enérgicamente ante la coalición judea-progresista, la cual disponía del apoyo de una prensa mundial.

En el clan pro-judío, la lucha era dirigida por el Cardenal Bea, por teólogos como el Padre Cangar y H. Kunk, y por periódicos como *Le Monde* (H. Fesquet) y *Le Figaro* (abate Laurentin). Dos arzobispos y un obispo asumieron el caudillaje de la .oposición tradicionalista: Monseñor de Proena-Sigaud, arzobispo de Diamantina. Brasil; Monseñor Marcel Lefebvre, francés, superior general de los Padres del Espíritu Santo, y Monseñor Carli, obispo de Segni, Italia.

La batalla fue conducida por ambas partes con un encarnizamiento y una tenacidad cuyos ecos desbordaron rápidamente el ámbito del Concilio y resonaron en las columnas de la gran prensa francesa.

He aquí algunos extractos de periódicos que nos muestran la fisonomía de la batalla, la aspereza de la lucha y la importancia capital de lo que se ventilaba.

El 14 de octubre, *France-Soir* (director P. Lazareff) desencadenó la campaña publicando el siguiente entrefilete:

«Folletos antisemitas repartidos en el Concilio. «Un folleto firmado "Leon de Poncins", de inspiración antisemita y redactado en francés, ha sido enviado a numerosos Padres Conciliares. El jueves y viernes próximos, .el Concilio debe proceder al voto definitivo sobre el texto de las relaciones con los no-cristianos, y en especial con los Judíos.»

El 15 de octubre, *Le Figaro*, bajo la firma del abate Laurentin, dedicaba varias columnas al famoso voto, con el título de «Los Judíos y el Deicidio, un voto intrincado. Entre otras cosas, decía lo siguiente:

«Roma, 14 de octubre. -Lo que domina la actualidad conciliar desde hace ocho días es el voto sobre la cuestión de los judíos y del deicidio. Hoy han tenido lugar las primeras votaciones·, cuyo resultado no será conocido hasta mañana.

«Problema candente, problema complicado. La propaganda es intensísima. Tres documentos de inspiración furiosamente antisemita han sido repartidos entre los Padres, en el orden siguiente;

«1. - El folleto de Léon de Poncins, impreso en italiano: «El problema de los judíos en el Concilio». Su tesis es la siguiente: «El texto sobre los judíos votado el pasado año es obra de unos obispos progresistas o inconscientes que han justificado el odio judío contra los cristianos. El Sumo Pontífice se negó a ratificarlo por ese motivo. De ahí las profundas modificaciones introducidas en el nuevo texto, objeto de las votaciones actuales.»

«2. - El segundo folleto, impreso asimismo en italiano, tiene por autor a Edoardo di Zaga. SÚ tesis es que «la declaración en favor de los hebreos favorece al racismo prosemita y lesiona el derecho de legítima defensa de los cristianos y de todos los pueblos contra el peligro de la hegemonía judaica.»

«3. - Finalmente, hace os días, aparecieron las consignas en cyclostil del «Coetus intemacionalis patrumu, órgano de la minoría conciliar, que abogan por el *non placet* sobre el conjunto del Esquema y sobre los problemas candentes relativos a los judíos. Uno de los tres firmantes y directores, Monseñor Carli, obispo de Segni, había publicado, en febrero de 1965, en la « Palestra del clero », la gran revista del clero italiano, un largo artículo cuya tesis era la siguiente: « El pueblo judío de la época de Jesús, -en el sentido religioso, es decir, como colectividad que profesaba la religión de Moisés, fue solidariamente responsable del crimen de deicidio. Aunque sólo los jefes, seguidos por una parte del pueblo, consumaran materialmente el delito, el judaísmo de las épocas posteriores participa objetivamente de la responsabilidad del deicidio... ». »

El abate Laurentin dedicaba a continuación varias columnas a las modificaciones introducidas en el Esquema entre 1964 y 1965. Según él, los Padres de tendencia progresista lamentaban vivamente los cortes efectuados en el texto del pasado año, y terminaba diciendo:

> « Como puede apreciarse, la situación es ambigua. *Por una parte, el cardenal ha tenido en cuenta las principales objeciones de los medios árabes y del grupo cuyas tesis hostiles a los judío s han sido ex presadas por Monseñor Carli. Por otra parte, afirma con vigor que las intenciones y el sentido del texto permanecen inmutables.* Sería difícil negar que existen ciertas divergencias entre el cardenal y su secretariado. Tampoco cabe duda de que se han visto abocados a una situación que les ha hecho casi imposible resolver aquellas divergencias. El problema planteado a los Padres Conciliares era, hasta cierto punto, un problema intrincado. »

El 17 de octubre, las noticias sobre el voto conciliar se instalaban en la primera página de *Le Monde* y llenaban toda una página interior del periódico. He aquí algunos extractos:

> « *Definitivamente adoptada por el Concilio.*

«*La declaración sobre los judíos provoca una satisfacción, enturbiada por algunas reservas.*

«La declaración sobre los judíos incluida en el esquema sobre las religiones no-cristianas fue adoptada definitivamente por el Concilio el pasado viernes. Tal como *Le Monde* señaló en su edición de ayer, la votación sobre el citado texto, y en la cual participaron 2.023 Padres, dio los resultados siguientes: 1.763 *placet*, 250 *non placet* y 10 votos anulados.

«Los medios israelitas y el Comité judío americano - al igual que los círculos cristianos partidarios del acercamiento con los judíos - manifiestan una satisfacción enturbiada por el hecho de que el texto haya· sido finalmente modificado en algunos de sus puntos. El gran rabino Kapplan, por su parte, lamenta vivamente que el término «deicidio» aplicado a los judíos no haya sido explícitamente condenado.

«La mayoría de las reacciones expresan la idea de que el texto adoptado -y que debe ser promulgado por el Papa- será juzgado por sus frutos, es decir, según como se traduzca en la enseñanza religiosa y en la conducta de los medios católicos en lo que respecta a los judíos.

«Hasta ahora no nos ha llegado ninguna reacción de los países árabes, a excepción de una crítica del patriarca ortodoxo de Antioquía.»

«La votación de la declaración sobre los judíos pone punto final al número increíble de presiones, visitas, cartas, opúsculos y folletos que han agobiado al secretariado para la unidad desde hace más de tres años. Cuando sean conocidas en detalle esas diversas tentativas encaminadas a hacer abortar o a convertir en insignificante la declaración conciliar, *asombrará descubrir tanta pasión, tanta aberración, tanto odio y, por decirlo todo, tanta ignorancia y tanta estulticia.*

«Por otra parte, muchos han lamentado que la última versión del texto presentado por el secretariado para la unidad haya perdido algo de su acrimonia. Resulta especialmente lamentable que los verdaderos motivos por los cuales han sido introducidas esas modificaciones se hayan ocultado más o menos detrás de motivos piadosos. La diplomacia romana ha triunfado una vez más sobre la sinceridad absoluta. Muchos Padres lo murmuraban entre ellos.

«Pero se veían obligados a reconocer que la declaración, tal como ha sido votada, ha salvado lo esencial. Los observadores de la intercesión que han hecho circular los rumores más alarmantes se han equivocado de medio a medio. *El Vaticano II ha realizado a grandes rasgos la voluntad de Juan XXIII al condenar severamente el antisemitismo. La Iglesia ha reconocido implícitamente sus culpas pasadas en la materia, que son graves, duraderas y numerosas. La nueva mentalidad ecuménica ha vencido a los prejuicios de antaño. A ese respecto, la votación del viernes inaugura una página blanca en la historia de la relaciones entre Roma y los judíos.*»

Hasta el último día, los antisemitas católicos se coaligaron para tratar de torpedear el Concilio. Ya hemos hablado del folleto italiano de M. Di Zaga. En otro, del francés Léon de Poncins, se tacha de «inconscientes» a los obispos que aprobaron el texto del pasado año.

Una declaración digna de un antipapa.

Pero hay que mencionar de un modo especial el opúsculo de cuatro páginas que recibieron los obispos, precedido de un título tan largo como curioso:

«Ningún Concilio ni ningún Papa pueden condenar a Jesús, a la Iglesia católica, apostólica y romana, a sus pontífices[14] y a los Concilios más ilustres. La declaración sobre los judíos lleva implícita tal condena y, por ese motivo, debe ser rechazada.»

El 22 de octubre, un largo artículo precedido de grandes titulares llenaba casi toda la primera página del periódico de la tarde *Paris-Presse*. Aquel artículo era mucho más objetivo que los de *Le Figaro* y, sobre *todo*, *Le Monde*. Por su gran interés, reproducimos algunos extractos, a pesar de su longitud. El autor del artículo estaba bien informado ya que, efectivamente, el Santo Padre promulgó (sin modificaciones) el 28 de octubre el esquema sobre las religiones no-cristianas, cuya fecha de promulgación había sido fijada para finales de noviembre.

Citamos *Paris-Presse* del 22 de octubre:

«*El caso de los folletos antijudíos en el Concilio*» «El Papa, obligado a promulgar antes de lo previsto el esquema sobre las religiones no-cristianas.» «Una violenta campaña de pasillos contra el Cardenal Bea.»

(De nuestro enviado especial Charles Reymondon).

Ciudad del Vaticano, 21 de octubre.

El Papa ha decidido adelantar al 28 de octubre la promulgación del esquema sobre las religiones nocristianas, es decir, esencialmente sobre las relaciones entre los judíos y la Iglesia.

---

[14] El opúsculo cita a quince papas «antisemitas», desde Nicolás I (siglo IX) hasta León XIII.

Con ello ha querido poner fin a ciertas campañas antisemitas que·habían adquirido una rara amplitud en el seno del Concilio y que iban acompañadas de graves insinuaciones contra el Cardenal Bea.

Se trata de un acontecimiento de considerable alcance y que ha sacudido esta semana conciliar, al principio silenciosa y dedicada únicamente al trabajo de-las comisiones.

Diez por ciento de oponentes

El pasado viernes, Pablo VI había hecho anunciar que antes de la festividad de Todos los Santos solamente serían promulgados cuatro textos. Pero el mismo día tuvo lugar la votación del esquema más discutido. Como cabía esperar, *la votación reveló una minoría bastante fuerte de oponentes absolutos: 250 Padres, de los cuales 245 rechazaban totalmente un párrafo sobre los judíos,* sin acceder a que fuese modificado o reemplazado.[15]

Dado que no existía precedente de la promulgación de un documento al cual se oponían más del diez por ciento de los votantes, el viernes, e incluso el sábado, nadie creía en una promulgación de la declaración sobre las religiones no-cristianas antes del 18 de noviembre, como mínimo.

Pero he aquí que el domingo, desde lo alto de su ventana sobre la plaza de San Pedro, el Papa precipitó las cosas.

¿Por qué?

---

[15] La oposición, pues, era mucho más fuerte en 1965 que en 1964, ya que a pesar de la mejora indiscutible del texto sometido al voto, de los Padres Conciliares, el número de oponentes pasó de 99 a 250.

Es probable que un nuevo elemento haya impulsado al Sumo Pontífice. No tratemos de encontrar la explicación en la lista de sus visitantes. Influido o no, es muy verosímil que Pablo VI se haya sentido preocupado por el curso de los acontecimientos y que, mediante un acto rápido de autoridad, haya querido cortar de raíz unas peligrosas campañas de opinión.

Las críticas contra el actual proyecto de declaración sobre los judíos son muy fuertes. Por una parte, existe la acusación formulada por el *mundo árabe*: intenciones políticas judías en el origen de la iniciativa (por ello se ha terminado por añadir al texto, a fin de equilibrarlo, un capítulo sobre el Islam, luego sobre el budismo, luego sobre todas las otras religiones). El año anterior, los patriarcas orientales se habían mostrado unánimes: «No queremos oír hablar de esa declaración, cuyos términos son inaceptables a nuestros ojos». Por vía diplomática, los árabes habían dirigido al Papa las amenazas más claras de represalias contra las Iglesias orientales, sus misiones sus escuelas. El presidente Soekarno, en nombre de los gobiernos musulmanes, había visitado a Pablo VI para decirle lo mismo. La prensa de lengua árabe, musulmana y católica, había hecho coro. Finalmente, el Papa había recibido cartas de jerarcas católicos de Oriente comunicándole la escandalizada reacción de sus ovejas. Aludían al peligro de un posible cisma por parte de aquellas iglesias, a las cuales ha costado ya tanto en el curso de la historia la fidelidad a Roma.

Pero, al lado de aquellas oposiciones orientales, que se explican fundamentalmente por motivos de oportunidad o de justicia política, *las acusaciones procedentes del resto de la cristiandad eran mucho más graves,* a pesar de su carácter minoritario.

Estas últimas se sitúan, en efecto, de modo mucho más inquietante en el terreno de la doctrina. Pretenden demostrar, a base de estudios y de documentos, una contradicción ignominiosa entre lo que el Concilio se propone decir sobre los judíos, y las sagradas escrituras, los Padres de la Iglesia, los anteriores Concilios y unos Papas eminentes.

Pero van mucho más lejos. De un modo cada vez menos indirecto, insinúan la sospecha de simonía contra el Cardenal Bea, principal responsable del texto. La simonía es uno de los delitos más graves que hayan emponzoñado la historia de la Iglesia, y el Papa declaró recientemente al enviado del *Corriere della Sera* que en la actualidad había desaparecido por completo. El vocablo procede del libro de las Actas de los Apóstoles, en el cual se cuenta cómo Simón el Mago había ofrecido dinero a San Pedro para recibir de él unos poderes espirituales. Ser simoníaco, es traficar con las cosas santas: los sacramentos, los nombramientos para cargos eclesiásticos, o la propia doctrina, todo ello por una suma de dinero.

Se ha acusado al Cardenal Bea de haber aceptado fondos judíos para el funcionamiento de su secretariado para la unidad (los viajes indispensables para los contactos con los ortodoxos y los protestantes son evidentemente caros). *Se le ha acusado de haber prometido imprudentemente, a cambio, una declaración que sería, al nivel de la Iglesia, el epílogo del proceso de Nuremberg: debería pedir perdón a los judíos por todas las persecúciones de que han sido víctimas a lo largo de los siglos por culpa de la doctrina cristiana* (judíos deicidas, pueblo maldito de Dios, etc.)[16]

Se trata de una denuncia sin pruebas Es probable que si el Cardenal publicara su presupuesto, con sus fuentes, se hiciera inmediatamente el silencio. Pero no se concibe a un hombre situado en un puesto tan elevado rebajándose a semejantes discusiones.

---

[16] En Roma ha circulado también con insistencia el rumor de que el Cardenal Bea era de origen judío.

Sin embargo, la violencia de las acusaciones, surgidas - hace un par de años de un país de la América latina, puede calibrarse a través de los siguientes párrafos del folleto en lengua española que ha circulado por los pasillos del Concilio:

« Ignominia »

« Estamos dispuestos a obrar del modo necesario para salvar a la Iglesia de semejante ignominia. Apelamos a los Padres Conciliares· que no han cedido a la presión judía, o que no se han vendido simoníacamente al oro judío... para que rechacen la pérfida declaración...»

« El documento está firmado por 28 organismos de los Estados Unidos,·de España, de Francia, de Portugal, de Alemania, de Austria, de seis países de la América latina, de Jordania y de Italia. Varios de los jefes de esos organismos han desmentido, sin embargo, que hubieran firmado el documento, especialmente cuatro de los cinco franceses ».[17]

« Todo este asunto constituye un increíble avispero. No resulta posible penetrar a ese propósito en el fondo de la « cuestión judía », apasionante, luminosa y terrible, ya que toda la historia le ha dado un color - de sangre. Sencillamente, esa parte del expediente·puede dar una idea de la importancia que reviste la actual decisión del Papa: poner toda su autoridad en la balanza, llegando a modificar por sí mismo el texto antes de su última votación, para tranquilizar a la oposición, posibilidad que no queda excluida.”

A continuación, vamos a:

---

[17] En su número del 21 de octubre, *Le Monde*, que había divulgado aquel documento, reconocía que se trataba de una falsificación; por lo menos, en lo que respecta a las firmas.

➢ Hacer un estudio comparado de los textos de 1964 y 1965.

➢ Estudiar los puntos esenciales del Esquema de 1965:

La cuestión del Deicidio.

La responsabilidad colectiva del pueblo judío en la muerte de Cristo.

El antisemitismo y las persecuciones.

COMPARACIÓN ENTRE EL TEXTO DE 164
Y EL TEXTO DE 1965

El texto votado en 1964 prohibía todo lo que podía engendrar el odio y el desprecio hacia los Judíos. Esa cláusula ha sido suprimida en el texto de 1965.

El texto de 1964 condenaba el antisemitismo y la persecución de los judíos. El texto de 1965 no condena ya., desaprueba las persecuciones, procedan de donde procedan., y lamenta .las manifestaciones de antisemitismo.

He aquí el párrafo en cuestión:

« La Iglesia, que desaprueba las persecuciones contra todos los hombres, sean quienes sean... lamenta los odios, las persecuciones y todas las manifestaciones de antisemitismo, que, cualesquiera que fueran su época y sus autores, han sido dirigidas contra los judíos. »

El texto de 1964 era muy peligroso - los tradicionalistas dicen inaceptable - cuando se le examina a la luz de las exigencias judías, de las cuales se había hecho portavoz Jules Isaac.

Jules Isaac colocaba a la Iglesia en una posición de acusada culpable desde hace dos mil años del delito permanente, injustificable e inexplicable de antisemitismo. Ponía en duda la buena fe y la veracidad de los evangelistas, particularmente de San Juan y san Mateo, desacreditaba la enseñanza de los Padres de la Iglesia y de los grandes doctrinarios del papado, pintándoles con unos·colores odiosos. En resumen, demolía los propios cimientos de la doctrina católica.

Admitimos de buena gana que los 1.650 Padres Conciliares que habían votado aquel texto no se habían dado cuenta cabal de lo que el voto implicaba, ya que un sondeo previo me ha convencido de que la inmensa mayoría de los Padres Conciliares ignoraban por completo los libros de Jules Isaac, Josué Jehouda y consortes, cuyas exigencias, apoyadas por las grandes organizaciones judías mundiales -B'nai B'rith, Congreso Mundial Judío, Comité Judío Americano, Alianza Israelita Universal-, se encontraban en la base del esquema sometido a los Padres Conciliares. El astuto había sido montado casi en secreto y con suma habilidad por el Cardenal Bea, por Jules Isaac y por un pequeño grupo de progresistas y de dirigentes judíos.[18] Los viejos fondos de odio judío anticristiano y el antagonismo de los progresistas contra el

---

[18] Según Zacharia Schuster, director para Europa del Comité Judío americano, el decreto conciliar (de 1964) contiene «la negativa total del mito de los Judíos culpables de la crucifixión».
Las causas del antisemitismo residían «en la convicción cristiana de que los Judíos, como pueblo, son responsables de la Crucifixión de Cristo y, en consecuencia, están condenados a la dispersión y a la persecución hasta el fin de los tiempos». (Oikoumenikon, 15 diciembre de 1963, p. 551).
Según el Padre Weigel, S.J., profesor de eclesiología del Woodstock College, Maryland, y redactor de la revista *America*, la declaración condenando el antisemitismo aceptada por el Cardenal Bea habría sido sugerida por Z. Schuster. (Oikoumenikon, 1 de agosto de 1963, P. 263).
Recordemos que. el texto definitivo de 1965 lamenta, pero no condena ya, el antisemitismo.

tradicionalismo cristiano se enmascaraban bajo una capa de caridad cristiana, de unidad ecuménica, de filiación bíblica común. La maniobra ha sido expuesta en los primeros capítulos de este libro y no vamos a insistir en el tema, pero estuvo a punto de conseguir el éxito. En realidad, había triunfado ya cuando el Papa se opuso a ella *in extremis,* negándose a promulgar el voto de 1964 y ordenando la modificación del texto.

Volvamos pues al texto de 1965, que formula la doctrina oficial de la Iglesia.

¿Cuál ha sido la reacción de los países árabes?

El texto de 1964 condenaba el antisemitismo y la persecución de los judíos. El texto de 1965 no condena ya, desaprueba las persecuciones., procedan de donde procedan, y lamenta las manifestaciones de antisemitismo.

He aquí el párrafo en cuestión:

« La Iglesia, que desaprueba las persecuciones contra todos los hombres, sean quienes sean... lamenta los odios, las persecuciones y todas las manifestaciones de antisemitismo., que, cualesquiera que fueran su época y sus autores, han sido dirigidas contra los judíos. »

El texto de 1964 era muy peligroso -los tradicionalistas dicen inaceptable- cuando se le examina a la luz de las exigencias judías, de las cuales se había hecho portavoz Jules Isaac.

Jules Isaac colocaba a la Iglesia en una posición de acusada culpable desde hace dos mil años del delito permanente, injustificable e inexplicable de antisemitismo.

Ponía en duda la buena fe y la veracidad de los evangelistas, particularmente de San Juan y san Mateo, desacreditaba la enseñanza de los Padres de la Iglesia y de los grandes doctrinarios del papado., pintándoles con unos colores odiosos. En resumen, demolía los propios cimientos de la doctrina católica.

Admitimos de buena gana que los 1.650 Padres Conciliares que habían votado aquel texto no se habían dado cuenta cabal de lo que el voto implicaba, ya que un sondeo previo me ha convencido de que la inmensa mayoría de los Padres Conciliares ignoraban por completo los libros de Jules Isaac, Josué Jehouda y consortes, cuyas exigen *condenamos las persecuciones contra los judíos, debemos condenar igualmente las persecuciones y las injusticias cometidas por los judíos.* »[19]

Por lo tanto, no pudiendo ser utilizado ya con fines políticos a favor del sionismo, la oposición de las poblaciones musulmanas al texto conciliar ha dejado prácticamente de existir.

(*Le Figaro*, octubre de 1965)

Abordemos ahora el estudio de los párrafos esenciales del Esquema, es decir:

La cuestión del Deicidio.

La responsabilidád colectiva de Israel en la muerte de Cristo.

---

[19] Varios centenares de miles de árabes han sido brutalmente expulsados de Palestina, donde vivían desde hacía siglos, por orden de la autoridades israelíes, y viven desde entonces en condiciones miserables en campos de refugiados.

Antisemitismo y persecuciones.

LA CUESTIÓN DEL DEICIDIO

Un primer texto elaborado en 1963, declaraba que es un error y una injusticia (injuria) calificar al pueblo judío de deicida.

El texto votado en 1964 era un compromiso: no se pronunciaba ya acerca del fondo, pero prohibía a los cristianos utilizar el vocablo.

El texto de 1965 ha suprimido aquella cláusula; la cuestión del deicidio ha sido retirada de la discusión y la Iglesia se atiene al *Stato Quo*.

En febrero de 1965, Monseñor Carli terminaba un largo estudio publicado en la revista italiana « Palestra del Clero » (número del 15 de febrero) con el párrafo siguiente:

« Ha llegado el momento de extraer una conclusión general del *Excursus* bíblico que antecede. Me parece que puede formularse así: lo mismo por motivos textuales que por motivos de autoridad, *la tesis según la cual el judaísmo debe ser considerado como responsable del deicidio, réprobo y maldito por Dios, en el sentido y dentro de los límites anteriormente concretados, continúa siendo legítimamente defendible o, cuando menos, legítimamente probable.*

« Por ello, una prohibición del Concilio conducente a poner fin a la libre discusión, en uno u otro sentido, me parecería inoportuna. *Estaría más de acuerdo con la naturaleza misma del Concilio y con la práctica seguida con otros esquemas, dejar el tema al estudio y a la discusión de los teólogos y de los exegetas.*

« De todos modos, debería dejarse a la caridad habitual y a la prudencia cristiana el modo y la época más convenientes para enunciar una verdad, la cual, aunque resulte desagradable para los interesa· dos -lo comprendemos perfectamente-, no merece por este simple hecho el silencio absoluto si, como muchos opinan, se encuentra efectivamente consignada en el depósito de .la Revelación Divina. »

Al retirar de la discusión la moción sobre el deicidio, la comisión conciliar aceptó, pues, la conclusión de Monseñor Carli.

Aquella decisión enfureció al gran rabino Jacob Kaplan. Interrogado por « Europa 1 », el gran rabino declaró:

« Deseo que se comprenda que en 1965 el vocablo deicidia no tiene ya sentido, y sí una resonancia odiosa. Pero, precisamente por el daño que esa falsa acusación ha causado a los judíos desde hace diecisiete siglos, el esquema debió declarar claramente que la acusación no debía ser formulada ya contra los judíos porque carece de sentido y tiene aquella odiosa resonancia .. Sin embargo, el esquema no habla del asunto. Se ve de un modo palpable la voluntad de los que han modificado el texto del pasado año, en el sentido de no querer lavar a los judíos de la acusación de deicidio, y esto es sumamente grave. »

(Declaración reproducida por *Le Monde* del 1.7 de octubre).

Violenta protesta asimismo del gran rabino Elie Toaff.

El 4 de abril de 1965, en ocasión del sermón de la Pasión, el Sumo Pontífice pronunció las siguientes palabras:

« Es una página grave y triste la que nos relata el encuentro de Jesús y el pueblo judío Aquel pueblo estaba predestinado a recibir al Mesías y le esperaba desde hacía millares de años, y estaba completamente absorto en aquella esperanza y aquella certidumbre, pero en el momento preciso, es decir, *cuando Cristo viene, habla y se manifiesta, no sólo no le reconoce, sino que le combate, le calumnia, le insulta y, finalmente, le condena a muerte.* »

(Osservatore Romano, 7 de abril de 1965, p. 1).
Inmediatamente, furiosa protesta de las comunidades judías italianas:

« El Dr. Sergio Piperno, presidente de la Unión de las comunidades israelitas italianas, y el Dr.Elie Toaff, gran rabino de Roma, en señal de protesta contra una frase pronunciada por el Santo Padre en la homilía del Domingo de Pasión, ha enviado al Vaticano el telegrama siguiente: « *Judíos italianos expresan su dolorido estupor ante confirmación acusación contra pueblo hebreo en muerte de Jesús contenida en homilía Sumo Pontífice,* pronunciada en parroquia -romana N. S. de Guadalupe y reproducida prensa oficial vaticana, *renovando acusación deicidio fuente secular trágica injusticias cometidas contra judíos y a la cual afirmaciones solemnes Concilio Vaticano parecían poner fin para siempre.* »

(Il Messagero de Roma, 8 de abril de 1965)

LA RESPONSABILIDAD COLECTIVA DEL PUEBLO JUDÍO EN LA MUERTE DE CRISTO

El texto de 1964 absolvía prácticamente a los judíos de toda responsabilidad en la muerte de Cristo. El texto de 1965 reconoce de un modo formal la responsabilidad de los jefes judíos y de sus secuaces en la muerte de Cristo, pero no extiende aquella responsabilidad a todo el pueblo judío contemporáneo de Cristo, y mucho menos al pueblo judío de nuestros días. -

He aquí el párrafo del texto que afecta al problema de la responsabilidad colectiva de Israel:

«Las autoridades judías y sús adeptos reclamaron a grandes voces la muerte de Cristo, es cierto. Sin embargo, no puede hacerse responsables de los acontecimientos de la Pastón, indistintamente, ni a todos los judíos entonces vivientes, ni a los de nuestros días. Efectivamente, la Iglesia es el nuevo pueblo de Dios, pero no por ello debe considerarse a los judíos como rechazados por Dios o como malditos, apelan· do al testimonio de la Sagrada Escritura. Debe procurarse, pues, lo mismo en la catequesis que en la predicación, no enseñar nada que esté en desacuerdo con la verdad del relato evangélico y con el espíritu de Cristo.»

En la versión definitiva de 1965, por tanto, el Concilio no ha seguido a Jules Isaac en este punto, ya que Jules Isaac niega la responsabilidad de los jefes del judaísmo para hacerla recaer por completo sobre los romanos, pero cede en otro punto al desligar al pueblo judío de toda responsabilidad en la decisión de sus jefes.

La moción conciliar de 1965 está absolutamente de acuerdo con la verdad histórica tal como se desprende de los relatos evangélicos: los jefes del judaísmo y sus secuaces son responsables de la muerte de Cristo; estrictamente hablando, puede decirse que el pueblo judío no fue consultado y no tiene una responsabilidad directa, pero el problema de la responsabilidad colectiva es muy complejo.

De hecho, las decisiones de los jefes implican siempre la responsabilidad colectiva de los pueblos, incluso si éstos no han desempeñado ningún papel en la decisión, y son finalmente los pueblos los que sufren las consecuencias. La historia está llena de ejemplos de esa clase; tomemos el de la última guerra: los jefes hitlerianos no consultaron al pueblo alemán en lo que respecta al desencadenamiento de la guerra, pero ésta se tradujo finalmente para el pueblo entero en unos bombardeos asesinos, en la destrucción de todas las grandes ciudades, en la invasión de todo el territorio, en la violación de millones de mujeres alemanas, en deportaciones y éxodos en masa de poblaciones, en millones de muertos, etc.

Los principios de Derecho admitidos por los pueblos occidentales, ¿reconocen jurídicamente la responsabilidad colectiva? Sí, hasta cierto punto, a juzgar por el proceso de Nuremberg.

En lo que respecta al judaísmo, aquella decisión del Concilio plantea unos problemas espinosos. Por ejemplo: Numerosos y eminentes doctores de la Iglesia, grandes Santos y Papas célebres han sostenido el principio de la responsabilidad colectiva de Israel.

En los dos notables artículos que ha dedicado al problema judío en la revista italiana «Palestra del Clero» (15 de febrero y 1 de mayo de 1965), Monseñor Carli cita unos textos impresionantes a ese propósito, y termina uno de los artículos diciendo:

«¿Puede llamarse deicidas a los judíos?

«Se ha dicho que no debe hablarse de *deicidio* puesto que, según la etimología, Dios no puede ser muerto. Pero resulta fácil contestar que el asesinato de Jesucristo, verdadero hijo de Dios, merece en estricto rigor teológico el nombre de deicidio.

« El verdadero problema consiste en saber si todo el « pueblo » judío debe ser considerado como responsable del « deicidio ». La declaración de 1964 responde negativamente de manera absoluta.

« Pues bien. *Los numerosos sabios y exegetas para quienes se desprendía claramente de toda la economía del Antiguo Testamento -a pesar del texto de Ezequiel, cap. 18- el principio de « responsabilidad colectiva » en el bien como en el mal, me parecen en lo cierto.* Toda la historia de Israel está tejida en el cañamazo de esa doble *polaridad*: por una parte, Dios, con sus beneficios y sus castigos colectivos, por otra el pueblo elegido con su aceptación o su negativa. *El pueblo entero es considerado responsable y a continuación castigado por las faltas cometidas oficialmente por sus jefes, incluso cuando una gran parte del pueblo le es extraña.*

« Los ejemplos de semejante mentalidad no faltan en el Nuevo Testamento. »

Monseñor Carli cita un gran número de ellos - por desgracia demasiado numerosos para ser citados aquí -, y añade:

« Sin el principio de la responsabilidad colectiva, todo eso sería un sistema indescifrable. »

Y concluye diciendo:

« *Para terminar, considero que puede afirmarse legítimamente que todo el pueblo de la época de Jesús, en el sentido religioso, es decir, como colectividad que profesaba la religión de Moisés, fu e solidariamente responsable del crimen de deicidio, aunque únicamente los jefes, seguidos por una parte de los fie les, consumaran materialmente el delito.*

« Aquellos jefes, desde luego, no habían sido eledos democráticamente por medio del voto popular, pero *de acuerdo con la legislación y la mentalidad entonces en vigor, eran considerados por el mismo Dios (cfr. Mt. 23, 2) y por la opinión pública como las autoridades religiosas legítimas, responsables oficiales de los actos que realizaban en nombre de la propia religión. Y Jesucristo, Hijo de Dios, fue condenado a muerte precisamente por aquellos jefes*; y fue condenado precisamente porque se había proclamado Dios (Jn. 10, 33, 19, 7), a pesar de que había proporcionado pruebas suficientes para ser creído (Jn. 15, 24).

« La sentencia condenatoria fue pronunciada por el consejo (Jn. 11, 49 y ss.), es decir, por la mayor autoridad de la religión judía, apelando a la ley de Moisés (Jn. 19, 7) y justificando la sentencia como una acción defensiva de todo el pueblo (Jn. 11, 50) y de la propia religión (Mt. 26, 65). El que condena al Mesías es el Sacerdocio de Aaron, síntesis y expresión principal de la economía teocrática y hierocrática del Antiguo Testamento. *Por consiguiente, está permitido atribuir el deicidio al Judaísmo, en·su calidad de comunidad religiosa.*

« En ese sentido perfectamente delimitado, y teniendo en cuenta la mentalidad bíblica, el judaísmo de las épocas posteriores a Nuestro Señor participa también objetivamente de la responsabilidad colectiva del deicidio, en la medida en que ese judaísmo constituye la continuación libre y voluntaria del judaísmo de entonces.

« Un ejemplo tomado de la Iglesia puede ayudarnos a comprender esta realidad. Un Sumo Pontífice y un Concilio ecuménico, aunque no han sido elegidos por la comunidad católica con unos sistemas democráticos, a da vez que toman· un decisión solemne en la plenitud de su autoridad, hacen co-responsables de aquella decisión, ahora y en todos los siglos a venir, a todo el « catolicismo », a toda la comunidad eclesial. »

(« Palestra del Clero », 15 de febrero de 1965)

De entre los numerosos textos que implican la responsabilidad colectiva de Israel, limitémonos a tomar el más célebre, el evangelio de San Mateo.

Por la traición de Judas, Jesús ha sido entregado a los Príncipes de los Sacerdotes, y éstos « celebran consejo contra Jesús para hacerle morir ». Finalmente,

« Y, habiéndole atado, lo llevaron y presentaron al gobernador Poncio Pilato... y el gobernador le interrogó, diciendo: « ¿Eres tú el Rey de los Judíos? » Y Jesús le respondió: « Tú lo dices ». Y siendo acusado por los Príncipes de los Sacerdotes y Ancianos, no respondió cosa alguna. Entonces, Pilato le dijo: « ¿No oyes de cuántas cosas te acusan estos hombres? Más él nada respondió, de modo que el gobernador se extrañó mucho.

« Acostumbraba el gobernador, en el día solemne de la Pascua, poner en libertad a un preso, a saber, el que el pueblo le pedía. Y a la sazón había uno muy famoso, que se llamaba Barrabás. Y cuando se hubieron juntado todos, díjoles Pilato: « ¿A cuál queréis que ponga en libertad, a Barrabás o a Jesús, llamado Cristo? « Porque sabía que lo habían puesto en sus manos por envidia. Y estando sentado en su tribunal, le envió a decir su mujer: « No te mezcles en la causa de este justo, porque hoy he padecido muchos ensueños a causa de él ». Pero los Príncipes de los Sacerdotes y los Ancianos persuadieron al pueblo para que pidiesen a Barrabás y condenasen a Jesús. Y habiéndoles dicho el gobernador: « ¿A cuál de los dos queréis que os suelte? ». Respondieron ellos: « A Barrabás ». Díjoles Pilato: « ¿Qué haré de Jesús, llamado Cristo? ». Respondieron todos: « Sea crucificado ». El gobernador les dijo: « ¿Qué mal es, pues, el que ha hecho?». Y ellos levantaban más el grito, diciendo: «Sea crucificado». Viendo pues Pilato que nada adelantaba, sino que el alboroto iba tomando mayores proporciones, se hizo traer agua y se lavó las manos delante del pueblo, diciendo: «Yo soy inocente de la muerte de este justo, allá os lo veáis vosotros».. Y todo el pueblo le respondió, diciendo: «Caiga su sangre sobre nosotros y sobre nuestros hijos». Entonces puso en libertad a Barrabás.

«Y habiendo hecho azotar a Jesús, se lo entregó para ser crucificado.»

Este evangelio implica de un modo formal la responsabilidad colectiva del pueblo judío en la muerte de Cristo.

A menos de adoptar la tesis de Jules Isaac, el cual trata a San Mateo de embustero, ¿cómo conciliar esos textos con el Esquema adoptado en 1965?

Voto intrincado, escribía el abate Laurentin en *Le Fígaro*, hablando de la cuestión judía en el Concilio. *Increíble avispero*, escribía por su parte *Paris-Presse* en un artículo que hemos citado ampliamente.

El Cardenal Tappouni, Patriarca de las Iglesias Católicas de Rito Oriental, me decía en Roma, a raíz de aquellas discusiones conciliares:

«Nosotros, Padres de la Iglesia Oriental, hemos adoptado una posición clara. Hemos declarado que toda discusión sobre el problema judío era inoportuna. No tengo nada que añadir ni que quitar de aquella declaración, ya que una palabra de aso de menos sobre un problema tan importante puede provocar una catástrofe. Los hechos nos han dado la razón, y la discusión no producirá ningún beneficio, ni a los cristianos ni a los propios judíos. «

El Cardenal Tappouni tenía razón, probablemente, pero, de hecho, la cuestión ha sido planteada y ya no puede eludirse. Ha provocado ya serias consecuencias en todo el mundo, como señala Monseñor Carli en sus artículos:

> «La declaración sobre las religiones no-cristianas... ha desencadenado una campaña de prensa indigna, provocado reacciones políticas y complicaciones diplomáticas y, desgraciadamente, ha proporcionado el pretexto en Oriente, para algunos abandonos del catolicismo en beneficio de la Ortodoxia. Por un lado, los Padres favorables a la declaración se ven calumniados como· vendidos al judaísmo internacional; por otro, los Padres que por diversos motivos consideran la declaración como inoportuna o, cuando menos, desean que sea modificada, son tildados de anti-sionistas y poco menos que cada responsables de los campos de concentración nazis.»

En sus obras, Jules Isaac se pronuncia violentamente contra el principio de la responsabilidad colectiva de Israel, y el gran rabino Kaplan le hace eco.

Pero a propósito de la responsabilidad colectiva los judíos se colocan en una falsa posición que les hace muy vulnerables. Rechazan con furor toda idea de responsabilidad colectiva cuando corren el peligro de ser sus víctimas, pero reivindican con no menos aspereza esa misma responsabilidad colectiva cuando es en beneficio suyo.

En el capítulo X de esta obra, hemos citado un artículo típico de Vladimir Jankelevitch. Éste, que es un personaje importante en Israel, escribía en *Le Monde* del 3 de enero de 1965, hablando de las víctimas judías de Hitler:

«Este crimen sin nombre es un crimen realmente infinito... del cual, hay que decirlo en voz alta, el único culpable es el sadismo alemán... la matanza metódica, científica, administrativa, de seis millones de judíos no es una desgracia «en sí misma», es un crimen cuya responsabilidad recae sobre un pueblo entero.»

En efecto, el pueblo alemán fue declarado en Nuremberg colectivamente responsable de las medidas antijudías de Hitler, y todo contribuyente de la Alemania Federal (los alemanes del Este, bajo régimen soviético, escapan a este castigo) entrega cada año al Estado de Israel unas sumas considerables como reparación por los perjuicios sufridos por el judaísmo mundial a causa de la persecución hitleriana.

Sin embargo, no puede rechazarse el principio de la responsabilidad colectiva cuando resulta perjudicial, y reclamarlo cuando resulta beneficioso: hay que escoger: Si el principio no es admitido, y parece ser que el Concilio ha optado por la negativa, no existe ningún motivo para que el pueblo alemán continúe pagando unos cuantiosos impuestos en provecho de Israel. El proceso de Nuremberg pierde asimismo por ese hecho una parte de su justificación.

Voto intrincable. Increíble avispero.

ANTISEMITISMO Y PERSECUCIONES

Existe un tercer punto acerca del cual sería conveniente que la Iglesia concretará su posición después del Voto conciliar, ya que es susceptible de interpretaciones muy diversas y posee unas consecuencias temibles: el problema del Antisemitismo y de las persecuciones. Un problema que se ha planteado desde hace tres mil años en todos los países donde residen judíos en cantidad apreciable.

El Esquema adoptado por el Concilio se expresa así:

«La Iglesia condena toda persecución contra todos los hombres, sean quienes sean, pero muy particularmente, recordando el patrimonio que le es común con los judíos y obedeciendo en esto, no a consideraciones políticas, sino a las exigencias religiosas de la caridad evangélica, lamenta los odios, las persecuciones y todas las manifestaciones de antisemitismo de que han podido ser víctimas los judíos en todas las épocas y por parte de quienquiera que fuese.»

Texto en apariencia breve, sencillo, irrefutable y sobre el cual el acuerdo debe ser unánime; la Iglesia ha conde nado siempre las persecuciones, y en ese punto todo el mundo le da la razón.

Texto, sin embargo, erizado de dificultades y que plan·tea unos problemas complejos y sobre los cuales nos gustaría que la Iglesia explicara claramente cuál va a ser su posición de ahora en-adelante.

Empecemos por el antisemitismo. ¿A qué se da el nombre de manifestación de antisemitismo? El concepto de antisemitismo varía mucho, según se lo examine desde el punto de vista judío o desde el punto de vista de los no-judíos.

A los ojos de los judíos, toda medida de defensa y de protección contra la penetración de las ideas y de los conceptos judíos, contra las herejías anticristianas judías, contra la influencia judía sobre la economía nacional, en resumen, toda medida de defensa de las tradiciones nacionales y cristianas es calificado por·los judíos de manifestación de antisemitismo. Peor aún, muchos judíos consideran que en el simple hecho de reconocer la existencia de una cuestión judía hay una declaración de antisemitismo.

«*Su ideal* - nos dice Wickham Steed en su notable obra «La Monarquía de los Habsburgo»- *parece ser el mantenimiento de la influencia judía internacional como un verdadero imperio dentro de los imperios,* Imperium in Imperiis. *El disimulo de su verdadero objetivo se ha convertid o en ellos en una segunda naturaleza, y lamentan, combaten encarnizadamente toda tendencia a plantear francamente la cuestión judía en el mundo.*»

(W. Steed. Op. cit. p. 276)

Tomemos un ejemplo concreto relacionado con la Iglesia. Jules Isaac, tal como hemos demostrado ampliamente al principio de esta obra, acusa de antisemitismo a todos los padres de la· Iglesia, San Juan Crisóstomo, San Agustín, San Agobardo, el célebre Papa San Gregorio el Grande, etc. Les trata de falsarios, de inicuos por su actitud en lo que respecta al judaísmo. Les acusa de haber desencadenado el salvajismo de la bestia y de ser los verdaderos responsables del antisemitismo nazi y de las cámaras de gas de Auschwitz. Les encuentra incluso peores que Hitler, Streicher y demás consortes, ya que su sistema desembocaba en torturar a los judíos lentamente, en dejarles vivir para que sufrieran interminablemente.

«A partir de ahora vemos también la diferencia radical que separa al sistema cristiano de envilecimiento de su imitador moderno, el sistema nazi - ciegos e ignorantes. Los que desconocen sus mil profundos puntos de contacto-: este último no ha sido más que una etapa, una breve etapa precediendo al exterminio en masa; el primero, en cambio, implicaba la supervivencia, pero una supervivencia vergonzosa, en medio del desprecio y del infortunio; estaba hecho, pues, para durar, para torturar lentamente a millones de víctimas inocentes.»

(Jules Isaac: *Génesis del Antisemitismo*, pp. 168-172)

¿Cuál será la actitud de la Iglesia post-conciliar sobre ese punto? ¿Qué significa esta frase: «lamenta todas las manifestaciones de antisemitismo de que han podido ser víctimas los judíos en todas las épocas y por parte de quienquiera que fuese»?

¿Admite acaso la tesis de Jules Isaac y se declara culpable?

¿Hay que decir misas por el descanso del alma y el perdón de los pecados de San Juan Crisóstomo, San Agustín, San Gregario el Grande y otros grandes santos de la liturgia cristiana, culpables del crimen de antisemitismo?

¿Hay que rectificar y purificar su enseñanza, como reclamaba Jules Isaac?

¿Hay que podar los evangelios, muchos de cuyos pasajes huelen a un malsano antisemitismo?

«¿Puede legítimamente atribuirse a la Iglesia Católica, en calidad de tal, una responsabilidad tan enorme que la convertiría en· la más cruel y la más amplia asociación de malhechores que haya existido jamás sobre la faz de la tierra?», escribe Monseñor Carli.

«*Los judíos de nuestros días no quieren ser considerados como responsables de todo lo que sus antepasados le hicieron a Jesucristo, concediendo incluso ahora a aquellos antepasados el beneficio de la buena fe; pero exigen que la Iglesia de hoy se sienta responsable y culpable de .todo lo que, según ellos, los judíos han sufrido durante dos milenios.*

«Yo creo que la Iglesia, incluso a título exclusivo de la caridad y de la humildad, no puede avalar semejante interpretación de la Historia. Por lo menos, no debería cargarse con una culpa que la cubre de fango a los ojos de sus hijos y del mundo entero, sin un previo proceso minucioso e imparcial para el cual no pueden bastar, naturalmente, las breves líneas del esquema conciliar (dejando aparte su valor probatorio).

«El mundo está dispuesto a lamentar que hayan podido crearse, en mayor o menor escala, por ignorancia y a veces por mala fe, unos prejuicios antijudíos entre los cristianos; del mismo modo que entre los judíos cierta literatura rabínica ha insultado a Jesús, a la Virgen María, y ha inspirado el odio y la maldición contra los cristianos.

«Pero antes que enfrascarse en unos procesos históricos y exigir por una y otra parte confesiones de culpabilidad, sería mucho más útil, para la formulación exacta de los principios doctrinales de cada uno y la práctica de la estimación y la caridad, hacer caer los prejuicios recíprocos. *En ese sentido se pueden suscribir las palabras del gran rabino de Dinamarca: «Nosotros continuaremos siendo probable mente un signo de contradicción los unos para los otros, pero ya no nos devoraremos* (Oikoumenikon, 1 de agosto de 963, p. 270), *siempre que no reneguemos de los principios»*. Para nosotros, católicos, siempre que no neguemos ni pasemos en silencio ninguno de los puntos contenidos en la Sagrada Escritura o en la tradición divino-apostólica.

«Elaboremos, pues, un texto que sea aceptable «para todos nuestros amigos judíos», pero que sea ante todo aceptable para todos los que aman la verdad objetiva...

«Dos mil años de historia, aunque estuvieran llenos, como pretende la tesis judía, de culpas morales de la Iglesia en lo que atañe al pueblo de Israel, no pueden ni deben cambiar los términos de la cuestión, tal como se encuentran en los labios de Jesús, de San Pedro, de San Pablo, etc.

«El juicio formulado por el esquema conciliar de 1964 coincidía con el que proponen y desean los judíos Séame permitido dudar de que resulte aceptable de acuerdo con la verdad objetiva.»

(Monseñor Carli, «Palestra del Clero», 1 de mayo de 1965)

LA ACTITUD DE LA IGLESIA ANTE LAS PERSECUCIONES

Hablemos ahora un poco de las persecuciones, término que los judíos asocian siempre al vocablo antisemitismo.

La Iglesia condena todas las persecuciones, procedan de donde procedan. Una vez más, todo el mundo estará de acuerdo, siempre que se concrete: «procedan de donde procedan».

Oyendo y leyendo a los autores judíos, creerías que sólo los judíos son víctimas de persecuciones en el mundo. En la época moderna, sólo las persecuciones antijudías conmueven la conciencia democrática. Ha habido muchas víctimas de persecuciones en la historia del mundo, y no únicamente víctimas judías.

En la revista «Palestra del Clero» del 15 de febrero de 1965, Monseñor Carli escribía muy acertadamente:

«Evidentemente, nadie debe condenar más que un católico los odios y las persecuciones, especialmente cuando tienen como pretexto motivos raciales o religiosos. *Pero a algunos podría parecerles raro, como mínimo, que en un documento conciliar no se condenara de un modo explícito más que los perjuicios sufrid os por los judío s, «sea en otras épocas sea en nuestros días», como si no hubiesen existido y como si no existieran todavía, por desgracia, otras persecuciones no menos dignas de una condena formal. Pensamos en este momento en las matanzas de los armenios, en los genocidios y en los innumerables asesinatos perpetrados bajo la bandera del comunismo marxista.* »

Y Monseñor Carli añade:

« En la persecución de los judíos, ni el emperador romano Claudia, ni el führer nazi Hitler, por no citar más que al primero y al último de los perseguidores antisemitas de la era cristiana, se inspiraron ciertamente en principios religiosos. »

En fin, puesto que nos encontramos en el capítulo de las persecuciones, habría que hablar también de las persecuciones de que son responsables los judíos, ya que ellos, que se presentan siempre como víctimas inocentes y sacrificadas, son unos terribles perseguidores cuando tienen la fuerza de su parte. Ya hemos abordado ese tema en otro capíto de·esta obra. No insistiremos en él.

En una obra publicada en 1921, Georges Batault·escribía:

« *La actitud que adoptan muchos judíos y que consiste en atribuir el fenómeno secular del antisemitismo únicamente a los sentimientos más bajos y a la más supina ignorancia, es absolutamente insostenible*. Resulta infantil querer oponer perpetuamente el buen cordero judío, balando dulcemente, al malvado lobo no-judío, sediento de sangre y aullando de celos feroces. Habría que renunciar a esa filosofía de la historia digna de ser ilustrada por Epinal, así como al procedimiento que consiste en tildar de « progromistas » a todos los que se arriesgan a hablar del problema judío con un espíritu que no sea el de la apología delirante. »

(G. Batault, *El Problema Judío*, Ed: Pion. París, 1921)

He aquí un ejemplo vivido de ese estado de espíritu: En octubre de 1965 fui a Roma y entregué a más de dos mil Padres Conciliares, así como a cierto número de eminentes personalidades romanas, un folleto del cual las dos terceras partes estaban impresas en italiano y una tercera parte en francés. Aquel folleto, intitulado « El Problema Judío ante el Concilio », hacía un resumen histórico del papel desempeñado por Jules Isaac en la preparación del esquema conciliar sobre la cuestión judía, y resumía las tesis de Jules Isaac y de los maestros del pensamiento judío contemporáneo sobre la cuestión de·las relaciones entre·el judaísmo y el cristianismo. No había en él injurias ni insultos, era una simple exposición de textos, y mi papel se limitaba a presentarlos de un modo claro y coherente. Consideraba, en efecto, que el conocimiento de aquellos textos era indispensable a los Padres Conciliares, puesto que constituían el fondo mismo acerca del cual los Padres estaban llamados a votar. Sin embargo, una encuesta previa me había permitido comprobar que, en su casi totalidad, los Padres Conciliares ignoraban por completo aquellos textos y la importancia del papel desempeñado por Jules Isaac.

Contrariamente a Jules Isaac, a H. Fesquet de *Le Monde* y a otros laicos cuya influencia en el concilio era grande, no me dediqué a dar consejos ni directrices, limitándome a informar y a decir: « La decisión corresponde ahora a los Padres Conciliares, y a ellos incumbirá la responsabilidad.

Varios grandes periódicos franceses, encabezados por *Le Monde*, señalaron mi intervención, así como la difusión de mis folletos. Todos me acusaron en términos más o menos ásperos de « antisemitismo ». En s número del 17 de octubre, *Le Monde* publicó aquellas líneas hablando de las « intervenciones, cartas, opúsculos y folletos remitidos al Secretariado del Concilio sobre la cuestión Judía »: « Asombrará descubrir tanta pasión, tanta aberración, tanto odio y, por decirlo todo, tanta ignorancia y tanta estulticia ».

Dado que *Le Monde* me citaba por mi nombre unas líneas más adelante, me coge de lleno aquella amable apreciación, en la cual, desde luego, no desempeñan ningún papel la pasión, el odio, la ignorancia y la estulticia.

Uno de mis amigos había enviado mi foleto a un sacerdote, al cual no conozco, pero que es el eminente director de una escuela católica y un predicador de talento, y recibió de él la siguiente carta:

> « Le devuelvo el lamentable folleto de M. de Poncins, el cual demuestra tan poca piedad hacia Israel, tan poca caridad, y un método histórico muy mezquino. Esos eternos tijeretazos en Josué Jehouda resultan irritantes. ¿Imagina M. de Poncins que Monseñor de Provencheres y los Padres del Concilio ignoran que los judíos y los musulmanes rechazan ferozmente la Encarnación? ¿Se trata de eso?
>
> « Cuando el texto del Concilio aparezca en la prensa, podrá usted leerlo. Es obra del Cardenal Bea, y jesuita y un exegeta de 80 años que ha viajado mucho, ha leído mucho y que siente un gran amor hacia los hombres y posee un gran sentido de la justicia. Eso, y no la ignorancia, le ha impulsado a sostener ese esquema que, iluminados por el Espíritu Santo, cerca de dos mil obispos habrán votado.»

De modo que a los ojos de aquel digno sacerdote, los que resultan irritantes al atacar as grandes doctrinas del cristianismo no son Jules Isaac, Jehouda y compañía, el irritante soy yo al permitirme citarles y darles a conocer. Es cierto que la divulgación de aquellos textos asesinos en Roma resultaba sumamente fastidiosa para el éxito de la maniobra judeoprogresista, y de haberse podido publicar antes hubieran sido más eficaces.[20]

La conclusión es muy clara: hay que hacer callar a toda costa a estos «antisemitas» que utilizan un arma temible, los textos de los propios autores judíos. Es lo que expresaba en términos apenas velados el abate Laurentin en *Le Figaro* del 15 de octubre de 1965, cuando escribía:

> «Votar el texto de 1965, ¿significa acaso «matizar» o desaprobar» el texto de 1964?

> «¿Bastará el texto para arrancar las raíces del antisemitismo cristiano, que con tanto vigor se ha expresado en los últimos meses?»

En otras palabras, uno de los objetivos del texto de 1964 era el de imponer silencio a los «antisemitas». La maniobra, a pesar de estar admirablemente preparada, no prosperó, o prosperó de un modo imperfecto, ya que el texto de 1965 no deja más que unas posibilidades muy restringidas en aquel terreno.

Ninguna restricción, en cambio, afecta a los escritores judíos o a sus aliados.

Jules Isaac puede escribir y difundir impunemente voluminosas obras - recientemente reeditadas -., en las cuales trata a los evangelistas de embusteros, a los Padres de la Iglesia y a los grandes santos de libelistas, de falsarios y de inicuos, en

---

[20] Para ello hubiese sido necesario que los Padres Conciliares los leyeran, ya que en Roma se tropezaba con una gran dificultad : los Padres Conciliares estaban tan presionados por todas partes, tenían tantos problemas que estudiar, que aparte de los documentos oficiales raramente leían las publicaciones o documentos que les eran enviados, muy numerosos, al parece.

las cuales conmina a la Iglesia a reconocer, abjurar y reparar sus errores criminales en lo que respecta a los judíos; obispos como Monseñor de Provencheres expresan públicamente estimación, respeto y afecto por él; Monseñor Gerlier, cardenal arzobispo de Lyon, pone un prólogo elágioso a un libro del abate Toulat intitulado *«Juifs mes Frères»*, exaltando y glorificando el papel desempeñado por Jules Isaac; Monseñor Lienart, cardenal arzobispo de Lille, patrocina las amistades judeocristianas del mismo Jules Isaac... Pero yo, que me limito a cita1;·a Jules Isaac, Josué Jehouda y compañía, soy tratado de asqueroso antisemita, soy un ejemplo típico de pasión, de aberración, de odio, de ignorancia y de estulticia. Finalmente, el clero progresista, que se considera mayoría, reserva sus favores a los enemigos de su religión, y no tiene más que sarcasmos, desprecios y hostilidad para los defensores de su propia tradición.

Queda un último punto que tratar de entre los que figuran en el texto conciliar de 1965, el de la Filiación Bíblica común.

Históricamente, esa filiación es indiscutible, pero no hay que llevar ese argumento demasiado lejos y convertirlo en un arma de guerra contra los tradicionalistas.

El Nuevo Testamento señala un gran viraje en la historia del pensamiento religioso y una ruptura profunda con el espíritu del Antiguo Testamento: el foso no ha hecho más que ensancharse con el paso de los siglos.

El texto de 1965 se expresa así:

«El Concilio no olvida el lazo espiritual que une al pueblo del Nuevo Testamento a la raza de Abraham. En efecto, la Iglesia de Cristo reconoce que, según el misterio de la Redención querida por Dios, los principios de su Fe y de la elección que Dios hizo de ella, se encuentran en los patriarcas, en Moisés y los profetas.

«Además, la Iglesia no puede olvidar que ha recibido la Revelación contenida en el Antiguo Testamento por medio de ese pueblo judío con el cual Oios, en su indecible misericordia, quiso concertar la antigua alianza. La Iglesia reconoce que extrae su sabia de aquella raíz del olivo en la cual han sido injertados lo arbustos que son los paganos, ya que la Iglesia cree que Cristo, que es nuestra paz, reconcilió por medio de su Cruz a los judíos y los paganos, haciendo de los dos un solo pueblo en Él.

«Según el testimonio de la Sagrada Escrita, Jerusalén no supo reconocer el tiempo en que fue visitada por Dios, y, en su mayor parte, los judíos no acogieron el Evangelio; muchos de ellos llegaron incluso a oponerse a su difusión. Sin embargo, y de acuerdo con el testimonio de San Pablo, los judíos subsistirán siempre por causa de su Padre, muy queridos por Dios, suyos dones y llamamientos son gratuitos y permanentes. Con los profetas y con el apóstol Pablo, la Iglesia espera el día, sólo conocido por Dio, en que todos os pueblos invocarán a su Señor con una sola y misma voz y le servirán bajo una misma ley.

«Vemos, pues, hasta qué punto es considerable el patrimonio que judíos y cristianos poseen en común. Así, el Concilió considera que debe favorecer y recomendar entre unos y otros el conocimiento y la estimación mutuas. Los estudios bíblicos y teológicos, los intercambios fraternales parecen los medios más indicados con vistas ese objetivo.»

Monseñor Carli, en sus artículos de «Palestra del Clero», expone claramente la doctrina católica sobre ese punto:

«*En un momento dado de su historia, Israel violó el Pacto de Alianza con Dios, y ello no tanto por el hecho de haber transgredido los mandamientos de Dios, es decir, por no haber cumplido las condiciones del Pacto (había cometido muchas veces ese pecado y Dios le había perdonado siempre), como por haber negado la finalidad misma del Pacto, rechazando a Jesús*: « ya que Cristo es la finalidad de la ley » (Rom. 10, 4). A partir de entonces no se trataba ya de las modalidades accidentales del Pacto, sino de su propia substancia. Automáticamente, « la elección » de Israel, completamente frustrada, quedó sin objetivo, y los privilegios que implicaba perdieron su razón suficiente.

« Israel terminó por institucionalizarse, hasta cierto punto, en una oposición global, oficial, muy dura, a Cristo y a su doctrina, a pesar del gran « signo » de la Resurrección del Mesías.

« La religión mosaica, que por una disposición declarada de Dios debía desembocar en el cristianismo para encontrar en él su propia finalidad y su propia perfección, se negó constantemente a adherirse a Cristo, « rechazando » así la piedra angular colocada por Dios. Por su propia culpa (« Si yo no hubiese realizado entre ellos obras que ningún otro ha hecho, habrían pecado » JJn. 15, 24), cristalizó en una situación objetiva de oposición a la voluntad de Dios, y en consecuencia de desorden. *No se trata de una renuncia pura y simple al plan divino* (lo cual sería ya una falta muy grave), *sino de una oposición positiva; en este aspecto, la relación entre el cristianismo y el judaísmo es mucho peor que la relación entre el cristianismo y las otras religiones.* Únicamente Israel, en efecto, había recibido una elección, una vocación, unos dones, una historia, etc., muy distintas a las de todos los otros pueblos de la tierra: en el plan divino, Israel era por entero « relativo » a Cristo y al cristianismo. No habiendo realizado verdaderamente, por culpa suya, una « relatividad » tan importante, se colocó por sí mismo en estado de «reprobación» objetiva. Este estado durará mientras el judaísmo no reconozca y acepte oficial y globalmente a Jesucristo.

«En mi opinión, la Sagrada Escritura justifica esta interpretación y la tradición patrística la confirma.»

La ruptura entre el Antiguo y el Nuevo Testamento se ha agravado sin cesar debido a la creciente influencia del Talmud, que substituyó a la Torah, es decir a la ley mosaica como fuente de inspiración religiosa israelita. El judío moderno ya no es mosaico, es talmudista. Y entre el Evangelio y el Talmud existe un antagonismo irreductible.

Ese antagonismo, ¿durará hasta el final de los tiempos? No, responde la doctrina católica tal como ha sido formulada principalmente por San Pablo, ya que hacia el final de los tiempos el pueblo judío se convertirá.

«Al final de los tiempos la masa de los judíos se salvará; esta afirmación de San Pablo forma parte esencial de la esperanza cristiana... Los dones de Dios son permanentes, es decir, no pierden su carácter de tales; pero se tranforman eri motivos de condenación para aquellos que los rechazan o no los utilizan en el tiempo conveniente...

«Esa situación ha sido libremente aceptada por Israel; mientras subsista esa libre aceptación, subsistirá el estado de maldición «objetiva» con todas sus consecuencias. Pero se debe negar categóricamente que una autoridad humana cualquiera, privada o pública, pueda, bajo no importa qué pretexto, hacerse ejecutora del castigo inherente al juicio divino de condenación: sólo Dios puede hacerlo, a su modo y cuando Él quiera.»

(Monseñor Carli, « Palestra del Clero », 15 de feb. 1965)

Pero los Maestros del judaísmo, contemporáneo oponen a esta creencia un desprecio altanero y desdeñoso. Hemos citado textos de Josué Jehouda particularmente impresionantes a ese respecto. No son los judíos los que se convertirán al cristianismo, religión bastarda y rama corrompida del judaísmo son los cristianos los que deben volver a Israel. He aquí un texto reciente que confirma y apoya ese punto de vista:

« *No hay que hacerse ilusiones: si se cree que hay que « disculparnos » para poder ganarnos mejor, es un craso error. Nadie nos cambiará.* Hay que aceptamos tal como somos. Con nuestro monoteísmo absoluto e indivisible, con nuestra feroz voluntad de sobrevivir como una comunidad distinta, con nuestra categoría negativa a toda otra verdad.

« *No queremos convertiros*. Os consideramos como hombres adultos capaces de escoger vuestro camino por vosotros mismos. Y quisiéramos que se os tratara del mismo modo. Si vuestra religión os impone el deber del proselitismo-, no vemos en ello sin inconveniente. Pero, os lo advertimos: perderéis el tiempo. *Continuaremos siendo lo que somos, ninguna fuerza del mundo ni del cielo nos cambiará.* Ya que estamos hechos de una materia dura como la roca; *hemos resistido a Dios en la época de nues*tra juventud, y a los hombres en la época 4e nuestra *madurez*. Podemos, pues, esperar. Por este motivo, la única actitud digna de un judío ante el Concilio ecuménico es la impasibilidad cortés. Callemos, prosigamos nuestro trabajo y esperemos con serenidad. Ya que, sean cuales sean los resultados, tendremos que continuar solos nuestro camino inverosímil. » (Alexandre Rister, en un artículo sobre « Los Judíos y el Concilio », publicado en el semanario « Terre Retrouvée »).

La conclusión requiere pocas palabras, ya que se desprende claramente de los numerosos textos de autores judíos que hemos citado:

Una *entente* religiosa entre cristianos occidentales y judíos talmudistas es muy difícil de conseguir.

Tal como dice Monseñor Carli, hablando de la religión judía:

«No se trata de una renuncia pura y simple al plan divino... sino de una oposición positiva; en este as pecto, la relación entre el cristianismo y el judaísmo es mucho peor que la relación entre el cristianismo y las otras religiones.»

Las generosas intenciones -o ilusiones- del Concilio tropezara siempre con este obstáculo insalvable]e: la intransigencia judía. Los judíos lo exigen todo y no conceden nada, se -niegan a asimilarse, se niegan a convertirse; no se asimilan: judaízan; no se convierten: quieren imponer a los demás sus convicciones. Puede temerse, incluso, que los esfuerzos bienintencionados pero imprudentes del Concilio desemboquen en un resultado inesperado, es decir, en despertar en el mundo una nueva ola de antisemitismo, reacción natural de defensa de los pueblos occidentales que se sentirán amenazados en la integridad de su patrimonio nacional y religioso.

«Insoluble enigma, con una antigüedad de más de dos mil años, el problema judío continúa siendo uno de los más temibles que el futuro plantea a nuestra época», escribía Georges Batault en «El Problema Judío»

Esas palabras proféticas se remontan a 1921. A pesar de tantos acontecimientos dramáticos, de tantos desastres, de tantas convulsiones mundiales, en 1965 conservan toda su actualidad. La importancia que las discusiones sobre la cuestión judía han adquirido en el Concilio están ahí para atestiguarlo.

APENDICE

Un estudio de M. Paul Rassinier

Seis millones de muertos: tal es la espantosa cifra que las organizaciones judías lanzan sin cesar a la faz del mundo; es, al mismo tiempo, el argumento sin réplica que han utilizado en el Concilio para obtener la revisión de la Liturgia católica.

Esa cifra de seis millones, declarada por las organizaciones judías, sin comprobación ni control de ninguna clase, sirvió de base a la acusación en ocasión del Proceso de Nuremberg y fue aireada por la prensa del mundo entero.

Actualmente, han llegado a nuestro conocimiento muchos hechos y docúmentos que eran ignorados en aquella época, y ya no resulta posible otorgar crédito a aquella cifra.

Un socialista francés de izquierda, que estuvo internado en el campo de Buchenwald, M. Paul Rassinier, ha llevado a cabo investigaciones prolongadas y minuciosas acerca de esta cuestión, y ha expuesto su resultado en cuatro extensos volúmenes que vamos a resumir en forma de apéndice.

Rassinier ha llegado a la conclusión de que el número de judíos muertos en deportación se eleva a un millón doscientos mil, aproximadamente, y esa cifra ha sido aceptada finalmente como válida por el Centro Mundial de Documentación Judía Contemporánea. Señalemos que el estudio de M. Paul Hilberg sobre el mismo tema da la cifra de 896.292 víctimas.

Después del cúmulo de exageraciones y de imposturas que han deformado completamente los hechos, creemos que es equitativo dar a conocer al lector deseoso de verdad histórica el contenido real de un drama indiscutiblemente trágico pero que, reducido a sus exactas proporciones, se inserta en el contexto de lo que fue el drama total de la Segunda Guerra Mundial, en el curso de la cual se produjeron, de una y otra parte, millones de víctimas inocentes.

Las notas que siguen pertenecen a las dos últimas obras de M. Paul Rassinier: *La verdad sobre el proceso Eichmann* y *El drama de los judíos europeos*. Dejamos al autor la responsabilidad de sus escritos. Pero nos ha parecido que esos libros eran un testimonio muy valioso que, pruebas en mano, sitúa el problema en sus justos términos.

En el curso de los procesos de los grandes cr1m1nales de guerra alemanes, en Nuremberg, en 1945-1946, se citó por primera vez el número de judíos víctimas de los campos de concentración y de las cámaras de gas nazis.

En su requisitoria del 21 de noviembre de 1945, M. Justice Jackson declaró que, de los 9.500.000 judíos que vivían en la Europa ocupada por los alemanes, habían desaparecido 4.500.000.

Esa cifra no fue tenida en cuenta por el tribunal. Sin embargo, transformada a no tardar por la prensa en diez millones, fue posteriormente rebajada a un promedio de seis millones y asentada definitivamente por el mundo entero.

Había sido establecida aproximadamente por especialistas de la demografía judía, comparando, como había hecho el Congreso Mundial Judío, los datos respectivos acerca de la población judía de los diversos países europeos ocupados, antes y después de la guerra, lo cual daba un total de seis millones de desaparecidos. Desgraciadamente, aquellas estadísticas no tenían en cuenta los importantes movimientos migratorios de la población judía europea entre 1933 y 1945, especialmente hacia Palestina y los Estados Unidos, y en consecuencia estaban falseadas en su misma base, ateniéndose a las declaraciones verbales o escritas de «testigos», las cuales, tras una seria investigación, se han revelado en su mayor parte llenas de contradicciones, de exageraciones y de mentiras, y no pueden, por tanto, ser tomadas en consideración.

En efecto, algunos de aquellos «testigos», tales como el Pastor Martin Niemoller, que había sido un ferviente militante del Nacionalsocialismo, experimentaron la necesidad de exagerar la nota en sus declaraciones a fin de parecer más sinceros.

«El Pastor Niemoller había afirmado, en una conferencia pronunciada el 3 de julio de 1946 y editada bajo el título de «Der Weg ins Freie» por Franz M. Helbach, de Stuttgart, que «238.756 personas fueron incineradas en Dachau».

Sin embargo,

«El 16 de marzo de 1962, en un discurso que pronunció en el propio· Dachau ante los representantes de 15 naciones que se habían reunido allí para conmemorar el XVII aniversario de la liberación del campo, Monseñor Neuhaussler, obispo auxiliar de Munich, pronunció un discurso del cual informaba *Le Fígaro* al día siguiente en estos términos.

«Esta tarde, en medio de un riguroso frío y a pesar de la tormenta de nieve, los peregrinos se han reunido en el campo de Dachau, donde, según el discurso de Msr. Neuhaussler, fueron exterminados treinta mil hombres de los doscientos mil originarios de treinta y ocho naciones que fueron internados en él desde 1933 a 1945».

(Paul Rassinier: *El drama de los judíos europeos,* p. 12. Les Sept Couleurs, París, 1964.)

Otros, tales como Rudolf Hoess, Hoelbrigel, Hoettl, Wisceliceny, etc., que figuraron entre los acusados de Nuremberg y sobre los cuales pesaba la perspectiva de una condena a muerte o la esperanza de un indulto, son todavía más sospechosos. Habiendo sido objeto a menudo, en el curso de su detención, de malos tratos o de amenazas, parecen haber dicho o escrito lo que se quería que dijeran o escribieran, de acuerdo con una táctica copiada de los soviéticos y que ahora tiene carta de ciudadanía en todas las prisiones del mundo.

Otros « testigos », salidos eón vida de los campos nazis, habían cometido durante su detención actos reprobables que hubieran podido conducirles también ante un tribunal; tal es el caso del médico comunista checo Biaba, perteneciente a la auto-dirección del campo de Dachau, o del profesor Balachowsky, del Instituto Pasteur de París, deportado a Buchenwald y dedicado allí a unas experiencias criminales. El interesado, para disculparse, alegó la necesidad de obedecer para evitar que le eliminaran (por desgracia, ese imperativo de la obediencia les había sido impuesto a muchos que no gozaon de la misma indulgencia por parte de los tribunales ante los cuales comparecieron). Se comprende que, en aquellas condiciones, hubiera algo « forzado » en sus declaraciones.

Otros, finalmente, sólo fueron testigos de segunda mano, como el Dr. Kautsky; basaron sus declaraciones, no en lo que habían « visto », .sino en lo que habían « oído » decir a testigos siempre « dignos de confianza" los cuales, como por casualidad, están casi todos muertos y no puede, por lo tanto, confirmar o negar aquellos testimonios.

Testimonios muy endebles para basar en ellos un cálculo del número de víctimas de los campos. Sin embargo, la cifra de seis millones fue esparcida a través del mundo y aceptada como artículo de fe sin control ni comprobación de ninguna clase. Ha hecho escuela gracias al florecimiento de una literatura concentracionaria cosmopolita, en su mayor parte judía, que constituye un cúmulo de imposturas y de falsos testimonios.

He aquí algunos títulos de las obras más típicas del, genero:

Encabezando la lista *Axis rule in occupied Europe,* del profesor Rafael Lemkin, judío polaco, el cual, refugiado en Inglaterra, fue el primero en acusar a la Alemania Nacionalsocialista del delito de genocidio.

Después fueron numerosos los que explotaron el tema:

« Cadenas y Luces », del abate Jean Paul Renard.

« La destrucción de los judíos europeos », de Pául Hilberg. .

« El breviario de lodio », de Léon Poliakov.

« El Tercer Reich y los judíos », de Léon Poliakov y Wulf.

« Documentación sobre los gases », de H. Krausnik.

« Memorias de Rudolf Hoess », publicadas en parte bajo el título de « Habla el comandante de .Auschwitz... »

« El Vicario », de Rolf Hochhuth.

Pero la palma se la lleva, indiscutiblemente. el inverosímil libro del médico judío húngaro Miklos Nyizli que lleva por título:. « Médico en Auschwitz ».

Por la falsificación de los hechos, las evidentes contradicciones, las desvergonzadas mentiras, ese libro parece demostrar que M. Miklos Nyizli habla de lugares en los cuales no ha estado nunca, es decir, que se trata de un documento apócrifo, tal como señala M. Paul Rassinier.[21]

A continuación damos un ejemplo de las macabras elucubraciones de esa obra, digna de figurar entre las novelas de la « serie negra ».

Si hay que creer al distinguido « médico de Auschwitz », veinticinco mil personas fueron exterminadas diariamente durante cuatro años y medio, en aquel campo.. Un total .de

365 X 4 1/2 = 1642 días,

con una cifra de

25.000 X 1642 = 41.000.000 de víctimas, es decir, dos veces y media la población judía mundial de la anteguerra.

M. Paul Rassinier trató de localizar a ese extraño « testigo »: le dijeron que « había muerto poco antes de la publicación de su libro ».

Hoy, tras la exhumación y publicación de muchos documentos desconocidos en la época del proceso de Nuremberg, resulta absolutamente imposible continuar sosteniendo, como hace Jules Isaac en sus dos libros: *Jesús e Israel* y *Génesis del antisemitismo*, o M.Wladimir Jankélévitch, profesor de la Facultad de Letras y Ciencias Humanas de París, en un artículo de « Monde », que el número de víctimas judías se elevó a seis millones, y cada día se hace más evidente que la

---

[21] *El drama de los judíos europeos.* p. 52.

cifra fue considerablemente exagerada por necesidades de la causa y no corresponde a ninguna realidad.[22]

En el Proceso Eichmann, celebrado en Jerusalén, la cifra de seis millones no fue pronunciada en ninguna de las sesiones:

«En el proceso de Jerusalén, la acusación quedó considerablemente debilitada por su motivo central, los seis millones[23] de judíos europeos exterminados· en las cámaras de gas».

«Recién terminada la guerra, en medio de la confusión de las mentes y el desorden d las cosas, era un argumento que resultaba fácil de hacer admitir. Hoy, se han hecho públicos muchos documentos que se desconocían en la época en que se desarrolló el proceso de Nuremberg, y esos documentos tienden a demostrar que, si bien los judíos fueron odiosamente vejados y perseguidos por el régimen hitleriano, no es posible que hubieran seis millones de víctimas».

(Paul Rassinier: La verdad sobre el proceso Eichmann, p. 131).

En efecto, contrariamente a los cálculos establecidos por M. Justice Jackson en Nuremberg, y por el profesor Shalom

---

[22] Sin embargo, la prensa mundial continúa publicando ésas cifras, y el semanario «Paris-Match» del 20 de febrero de 1965, en su número especial sobre la toma de Berlín, escribía en grandes titulares: «En los campos de la muerte fueron asesinados quince millones de deportados».

[23] Esa cifra sólo ha sido dada por la prensa y por los testigos: el Acta de Acusación redactada por M. Gedeon Haussner se limita a decir, como es sabido, «unos» millones; es el primer paso en el camino de las confesiones relativas a esa evidente impostura.

Baron en Jerusalén, durante el proceso Eichmann, la población judía que se encontraba en el espacio europeo nazi estaba muy lejos de elevarse a 9.600.000, como sostuvo el primero, o a 9.800.000, como pretendió el segundo.

Entre 1933 y 1945, fueron numerosos los judíos de la Europa Central que, para escapar a las vejaciones, y luego a las persecuciones nazis, emigraron hacia otros países, como lo demuestran recientes estadísticas. En su libro *El drama de los judíos europeos,* M. Paul Rassinier da informaciones sumamente concretas acerca de la cuestión. Remitimos a esa obra al lector interesado, que podrá consultarla con provecho.

En resumen, he aquí lo que nos dice:

Teniendo en cuenta aquella migración constante, M. Arthur Ruppin, el más autorizado de los estadísticos judíos, calcula aquella población en 5.710.000. Por su parte, el Centro de Documentación Judía de París y el doctor Korhnerr dan, respectivamente, las cifras de 5.294.000 y 5.500.000, siendo esta última la que parece aproximarse más a la realidad. Las estadísticas de los supervivientes elaboradas en 1945 están falseadas por aquella omisión inicial, y los márgenes de error relativos a los supervivientes representan alrededor del 40 % de la cifra real. El número de supervivientes no ha sido, pues, 1.651.000, como se dijo entonces, sino 4.200.000 o más, lo cual reduce la cifra de los desaparecidos de un millón - a un millón y medio, que significa ya un elevado porcentaje de víctimas.

Otra fuente de error en lo que respecta al cálculo del número de víctimas, como señala M. Paul Rassinier,[24] procede del hecho de que a medida que las tropas rusas avanzaban, los deportados de los campos polacos fueron evacuados hacia los

---

[24] *La verdad sobre el proceso Eichmann,* p. 81.

campos del Oeste: Buchenwald, Dora, Dachau, etc. Aquellos detenidos, fichados a su llegada a Auschwitz o a otro campo, no ser encontrados en el momento de la liberación fueron dados por desaparecidos o exterminados en las cámaras de gas, si se trataba de judíos. En realidad, aquellos prisioneros estaban vivos en los campos alemanes, pero el ritmo de su llegada había hecho imposible su fichaje ulterior y estaban, por decirlo así, incontrolados.

Añadamos, además, esto: el índice de mortalidad en los campos reservados a los judíos *fue*, desde luego, más elevado que en los otros. Pero, después de minuciosas investigaciones, puede afirmarse que, de u modo general, si la elevada mortalidad en los campos puede atribuir· se a las SS encargadas de su custodia, puede atribuirse todavía más a los detenidos encargados de la administración de los campos.

Sea como fuere, el número de desaparecidos que acabamos de señalar está corroborado actualmente por el estudio estadístico del Centro Mundial de Documentación Judía Contemporánea, que estima en 1.458.292 las víctimas judías.

Pero un hecho está comprobado. Investigaciones muy serias efectuadas en los mismos campos han demostrado, de modo irrefutable, que contrariamente a las declaraciones de los « testigos » a que hemos aludido anteriormente, en ninguno de los campos situados en territorio alemán - Buchenwald, Dora, Dachau, Mathausen, Bergen-Belsen - existieron cámaras de gas. Ese hecho está reconocido y certificado por el Instituto de Historia Contemporánea de Munich, dechado de hostilidad al Nazismo.

En Dachau se inició la construcción de una cámara de gas, pero sólo fue terminada después del final de la guerra, por unos SS que habían ocupado el lugar de los deportados.

Ello no es óbice para que el doctor Blaha diera numerosos detalles acerca de las pretendidas exterminaciones en aquel campo, ni .para que el abate Jean Paul Renard afirmara en su libro *Cadenas y Luces* que «había visto entrar a millares y millares de personas» en las cámaras de gas de Buchenwald que no existían, ni para que numerosos «testigos» declararan en el proceso Eichmann, en Jerusalén, que habían visto en Bergen-Belsen a deportados que marchaban hacia la cámara de gas.

En lo que respecta a los campos de Polonia ocupados por los nazis, la existencia y la utilización de cámaras de gas en Chemno, Belzec, Maidanek, Sobidor y Treblinka han sido atestiguadas por un único documento de un tal Kurt Gerstein. Ese documento, redactado en francés por aquel exWaffen SS -uno se pregunta por qué, pero no lo sabrá nunca, ya que el interesado se «suicidó» en su celda después de haber redactado aquella extraña confesión-, pareció tan apócrifo desde que salió a relucir, que presentado en Nuremberg el 30 de enero de 1946, fue rechazado por el Tribunal y no se aceptó como pieza de cargo contra los acusados. Sin embargo, la prensa de la época lo presentó como auténtico, y continúa circulando en tres versiones -dos francesas y una alemana, que por otra parte no coinciden-. La versión alemana figuró en el proceso Eichmann, en 1961. La mala fe, como puede apreciarse, es tenaz.

No parece probable que haya existido una cámara de gas en Belzec. En Auschwitz, en cambio, parece establecida la prueba de la existencia y del funcionamiento de una tal cámara. Hay una abundante documentación al respecto. Pero los textos son tan a menudo divergentes y contradictorios, que resulta difícil separar la verdad. Si tales cámaras funcionaron en Auschwitz, sólo pudo ser a partir del 20 de febrero de 1943, fecha de su terminación, hasta el 17 de noviembre de 1944, es-decir, durante diecisiete o dieciocho meses, de los cuales hay que deducir cierto número, ya que según el informe del Dr. Rezso Kasztner, presidente del Comité para la Salvación de los judíos de Budapest de 1942 a 1945, aquellas cámaras permanecieron inservibles desde el otoño de 1943 hasta el mes de mayo de 1944.

En cuanto al número de víctimas que habrían pasado por aquellas cámaras parece difícil calcularlo, ya qué las cifras facilitadas por los diversos testigos pertenecen más al terreno de la extravagancia que al de la realidad. Tantos testigos se han «suicidado" tantos otros - que quizás no han existido nunca- han «fallecido», que resulta imposible prestar crédito a sus declaraciones, ya que lo que más sorprende cuando se quieren encontrar testimonios concretos y los originales de los documentos es la «desaparición» de unos y de otros.

Del estudio de M. Paul Rassinier se desprende claramente que si bien la Alemania hitleriana era racista, y como tal no consideraba a los judíos como nacionales, en sus comienzos, por lo menos, no trató de exterminar a los judío s, sino de colocarles fuera de la comunidad nacional. El Estado de Israel no ha hecho ni más ni menos al expulsar a Jordania a 900.000 árabes que vivían en Palestina.

«La Alemania hitleriana era un Estado racista. Sin embargo, es sabido que el Estado racista preconiza la expulsión de la raza minoritaria más allá de las fronteras de la comunidad nacional: el Estado de Israel es un claro ejemplo de ello.

«El artículo 4 del programa de 25 puntos del Partido Nacionalsocialista, hecho público en Munich el 24 de febrero de 1920, decía que «Sólo un compatriota puede ser ciudadano. Sólo el que es de sangre alemana, independientemente de su confesión, puede ser compatriota. Un judío no puede ser compatriota...

«Y el artículo 5 concluía:

«El que no es ciudadano sólo puede vivir en Alemania como huésped y se encuentra sometido a la legislación de los extranjeros.

«Cuando, el - 30 de enero de 1933, el Nacionalsocialismo subió al Poder, los judíos alemanes se encontraron automáticamente incursos en el Estatuto de los Extranjeros, el cual, en todos los Estados del mundo, les excluye de los puestos de mando del Estado o de la Economía. Tal es la base jurídica de las leyes raciales en la Alemania hitleriana ...»

«La única diferencia entre la Alemania hitleriana y los otros Estados estriba en que en los otros Estados se es extranjero en virtud de la nacionalidad, en tanto que a los ojos del Nacionalsocialismo se era extranjero en virtud de la raza. Pero, en Israel, no hay ningún árabe que sea profesor, funcionario del Estado, administrador de un *kibbutz* o ministro. Admito que lo que ocurre en Israel no justifica lo que ocurrió en Alemania -aunque sólo sea porque no puede justificarse el mal con el mal-, pero yo no justifico, yo explico, y para explicar desmonto un mecanismo: si cito a Israel, es solamente para demostrar al mismo tiempo que el mal racista, en el sentido en que el Nacionalsocialismo entendía la palabra, está mucho más extendido de lo que se cree, puesto que los paladines del antirracismo de ayer son hoy sus protagonistas, y que, contrariamente a lo que generalmente se opina, la Alemania hitleriana no es el único ejemplo de racismo que puede ofrecerse al mundo».

(P. Rassinier: *La vérdad sobre el proceso Eichmann,* pp. 102-103).

La promulgación de las leyes raciales después del Congreso de Nuremberg, en septiembre de 1935, condujo al gobierno alemán a tratar de negociar el traslado de los judíos a

Palestina sobre la base de la Declaración Balfour, pero, habiendo fracasado, pidió a los demás países que se hicieran cargo de ellos. Los demás países se negaron a aceptarlos.

«Dado que no existía un Estado judío con el cual establecer acuerdos bilaterales o, en el terreno de Ginebra y de La Haya, unos acuerdos internacionales; dado, por otra parte, que a pesar de las reiteradas peticiones del gobierno nacionalsocialista ningún país había aceptado el autorizar su inmigración, ni siquiera tomarles en tutela, los judíos vivieron en Alemania, hasta la declaración de guerra, con el estatuto de los extranjeros apátridas que no les garantizaba contra nada; allí, como en todos los Estados del mundo, los apátridas estaban - lo están aún - entregados a los caprichos del poder.»

(P. Rassinier: Ob. cit., p. 18).

Sólo después del asesinato de von Rath, consejero de la Embajada alemana en París, en noviembre de 1938, por el judío Grynspan, hecho que provocó violentas reacciones antijudías en Alemania, los dirigentes del Tercer Reich se propusieron elaborar una solución de conjunto al problema judío y volvieron a lanzar la idea de su traslado a Palestina. El proyecto, que coleaba desde 1933, fracasó porque Alemania no pudo negociar aquel traslado sobre la base de 3 millones de marcos, como exigía Inglaterra, sin acuerdo de compensación. Tampoco pudo negociar una emigración en masa de los judíos con otros países, ya que éstos se negaron a establecer unos acuerdos de compensación import export que hubieran .permitido aquella emigración. A finales de 1940, Francia no aceptó su traslado a Madagascar:

«Después de la derrota de Francia y del fracaso de las tentativas de Paz cerca de Inglaterra, nació en la mente de los dirigentes nazis la idea de que los judíos podían ser reunidos y luego trasladados a un territorio colonial francés, Madagascar, por ejemplo. Un informe de fecha 21 de agosto de 1942, que lleva la firma de Luther, Secretario de Estado para los Asuntos Exteriores del Tercer Reich, se refiere a la posibilidad de negociaciones con Francia en aquel sentido, y habla de unas conversaciones que se desarrollaron de julio a diciembre de 1940, y que después de la entrevista de Montoire (13 de diciembre de 1940), Pierre-Etienne Flandin, sucesor de Laval, había hecho fracasar: durante todo el año 1941, los alemanes conservaron la esperanza de reanudar aquellas negociaciones y de concluirlas felizmente».

(P. Rassinier: Op. cit., p. 108).

Unicamente después de esos fracasos sucesivos y por otros varios motivos que vamos a ver, la Alemania nazi endureció de u modo definitivo su actitud con respecto a los judíos.

En primer lugar, hubo la carta que M. Chaim Weizmann, presidente de la Agencia judía, dirigió al día siguiente de la declaración de guerra a M. Chamberlain, Primer Ministro británico, para informarle de que «los judíos estaban del lado de la Gran Bretaña y lucharían por la Democracia». Reproducida en el «Jewish Chronicle» del 8 de septiembre de 1939, aquella carta era una verdadera declaración de guerra del mundo judío a Alemania.[25]

---

[25] A continuación reproducimos varias declaraciones de penalidades judías hechas unos meses antes de que estallara la segunda guerra mundial, las cuales corroboran lo que afirma M. Paul Rassinier y ponen de manifiesto el papel de los judíos en la excitación a la guerra.
En un artículo publicado en *París-Soir*, el 22 de marzo de 1939, Léon Blum invitaba a las democracias a destruir la ideología racista.
Por su parte, el escritor judío Emil Ludwig., de origen alemán y nacionalidad suiza, condecorado con la .Legión de Honor en abril de 1939 por el gobierno francés,

«En septiembre de 1939, a raíz de la apertura de las hostilidades, las autoridades representativas del Congreso mundial judío, como para reprochar a Inglaterra y a Francia su tardanza en declarar la guerra, recordaron que «los judíos del mundo entero habían declarado la guerra económica y financiera a Alemania desde 1933», y que estaban «resueltos a llevar esta erra de destrucción hasta el final». Con ello autorizaron a Hitler a internar en campos de con-centración a todos los judíos que tenía a su alcance: lo mismo que en caso de guerra se

---

lanzaba en aquella misma época un ruidoso llamamiento « a una nueva Santa Alianza, concluida entre las tres grandes democracias del mundo», clara invitación a la guerra: «La voz preponderante es la de los Estados Unidos; dado que esta Nueva Alianza debe representar ante todo un papel de amenaza y de intimidación, la batuta directriz corresponde a Norteamérica...
Todos los Estados podrán adherirse a la nueva Santa Alianza; en primer lugar, entre las grandes potencias, la Unión ·Soviética.» Lo que decidirá «en efecto» la admisión en el seno de esta- Nueva Santa Alianza será la filosofía del Estado.»La Alianza está dirigida contra Alemania Italia y los Estados que de la noche a la mañana podrían tal vez unirse a sus principios. La Alianza superará en agresividad al lenguaje desafiante de los dictadores.»
Ya que: ·
«Tales son los objetivos políticos de este siglo; en el interior, el socialismo, en el exterior, los Estados Unidos de Europa..., es posible alanzar, sin una guerra, estos dos objetivos?» · ·
Es poco probable, y Ludwig no lo oculta, ya que termina así su llamamiento:
"Las religiones, las filosofías, los ideales han sido siempre formulados y conservados por pensadores solitarios, pero siempre, también, los que los han defendido hasta la muerte han sido hombres armados. »
(Se sobreentendía que el ejército francés proporcionaría los hombres, y que Ludwig y sus compinches dictarían las condiciones del Tratado de Paz.)
Finalmente, el judío Wíse, hijo del célebre rabino, una de las personalidades más importantes del judaísmo mundial, hablando en Washington de la España roja, ante una asamblea de delegados judíos, daba el verdadero motivo de aquel belicoso entusiasmo:
« La causa de la libertad española es la causa de la libertad judía », declaró, calificando a España de:
«Centro neurálgico de resistencia a los ataques contra las democracias y, por consiguiente, contra los judíos.» Y añadió: «La evolución de la democracia según los conceptos socialistas es la única esperanza de supervivencia para los judíos del mundo entero.»
(*Washington Post*, 31 de mayo de 1938)

acostumbra hacer con todos los extranjeros enemigos en todos los países. A medida que los acontecimientos militares lo. permitieron, los judíos europeos se encontraron uncidos al mismo carro de los judíos alemanes y, cuando no hubo ya esperanzas -de hacerlos emigrar fuera de Europa -la última se desvaneció con el fracaso del plan Madagascar a finales de 1940-, se decidió reagruparlos a todos y hacerles trabajar en un mismo e inmenso *ghetto,* el cual, tras el éxito de la invasión de Rusia, se encontró situado, a finales de 1941, en los territorios llamados del Este, cerca de la antigua frontera ruso-polaca: Auschwitz, Chelmno, Belzec, Maidaneck, Treblinka, etc. Allí debían esperar hasta el final de la guerra la reanudación de las conversaciones internacionales que decidirían su suerte. El acuerdo había sido adoptado en el curso de la famosa conferencia interministerial de Berlín Wannsee, el 20 de enero de 1942, y el traslado había empezado en marzo».

(P. Rassinier: Ob. cit., p. 18).

Luego vinieron la declaración de guerra a Rusia, los bombardeos en masa de las ciudades alemanas de Dresde, Leipzig, Hamburgo, y finalmente la publicación del libro de un judío norteamericano, Theodor N. Kaufmann: *Germany must perish*:

«Durante la segunda mitad de aquel año de 1941 la solución del problema judío adquirió un feo cariz: hubo en primer lugar la declaración de guerra a Rusia, ocasión que aprovechó el Dr. Goebbels para hacer correr el rumor de que Hitler se había visto obligado a adoptar aquella decisión por culpa de los judíos, los cuales habían maniobrado cerca de Stalin.

A continuación apareció el famoso libro *Germany must perish,* de un tal Theodor N. Kaufmann, judío norteamericano, del cual lo menos que puede decirse es que era el digno pregonero de la entrada en breve plazo de los Estados Unidos en la guerra al lado de Inglaterra, Francia y Rusia.

«En su libro, Theodor N. Kaufmann afirma claramente que los alemanes, por el solo hecho de ser alemanes, incluso los antinazis, incluso los comunistas, incluso los filosemitas, no merecen vivir, y que después de la guerra se movilizarán 25.000 médicos para que cada uno de ellos esterilice a 25 alemanes o alemanas por día, de modo que en tres meses no quede un solo alemán capaz de reproducirse en Europa, y que en 60 años la raza alemana quede completamente eliminada del continente. Afirmaba, además que los judíos alemanes compartían aquella opinión.

«Hitler ordenó que se leyera aquel libro en todas las emisoras de radio: puede adivinarse el efecto que causó en la opinión alemana».

(P. Rassinier: Ob. cit., pp. 112 y 113).

Hablemos ahora brevemente del Plan Morgenthau.

Ese plan, elaborado en los Estados Unidos por dos judíos, Henry Morgenthau, uno de los consejeros de Roosevelt, y Harry Dexter White (judío de la -Europa oriental naturalizado norteamericano), preveía la destrucción completa de la industria alemana y la transformación definitiva de Alemania en un país agrícola.

El plan fue aprobado en la Conferencia de Quebec, en 1943, y al terminar la guerra empezó a ser puesto en práctica con el desmantelamiento de las fábricas del Rhur. Luego se cayó en la cuenta de que era una insensatez y fue abandonado. Entretanto, Harry Dexter White había sido desenmascarado en su calidad de agente del espionaje soviético; la víspera del día en que iba a ser detenido falleció de una crisis cardíaca.

Atengámonos a Alemania: plan Morgenthau, plan Kaufmann, declaración de guerra a ultranza de Chaim Weizman y del Congreso Mundial Judío, declaración de Casablanca afirmando la decisión de no aceptar más que una capitulación sin condiciones, bombardeos de terror contra la población civil de las ciudades alemanas (135.000 muertos en Dresde)... Los alemanes estaban convencidos de que los Aliados, empujados por los judíos, habían decidido su exterminio y, en tales condiciones, no hay que asombrarse de que los judíos reunidos en los campos de deportados sirvieran de rehenes y que cayeran sobre ellos terribles represalias.

Así empezó la deportación en masa y brutal de los judíos hacia los campos polacos, y de un modo especial hacia el campo de Auschwitz.

Para terminar, vamos a reproducir un testimonio judío, cuya importancia no escapará al lector.

En el número del 15 de diciembre de 1960 de *La Terre Retrouvée,* el doctor Kubovy, director del Centro Mundial de Documentación Judía Contemporánea de Tel-Aviv, reconocía que no existió ninguna orden de exterminio dictada por Hitler, Himmler, Heydrich o Goering.[26] Parece ser, por tanto, que las ejecuciones en la cámara de gas fueron obra de las autoridades regionales y de algunos sádicos nazis.

Según M. Paul Rassinier, la exageración en el cálculo de las víctimas obedece a un motivo puramente material:

---

[26] (P. Rassinier: *El drama de los judíos europeos*, pp. 31 y 39.)

«Sólo se trata de justificar, mediante un número proporcional de cadáveres, las subvenciones enormes que, desde el final de la guerra, Alemania entrega anualmente al Estado de Israel a título de reparaciones de un daño que, por añadidura, no le ha causado ni moral ni jurídicamente, puesto que la época de los hechos incriminados Israel no existía. El problema es pura y soezmente material.

«Permítaseme recordar que el Estado de Israel no fue fundado hasta el mes de mayo de 1948, que los víctimas judías de los nazis eran ciudadanos de diversos Estados, excepto del de Israel, y subrayar la amplitud de esa estafa, sin apelativo en ningún idioma: por una parte, Alemania entrega a- Israel unas sumas calculadas sobre unos 6.000.000 de muertos; por otra parte, dado que los 4/5, por lo menos, de esos 6.000.000 estaban vivos al final de la guerra, a título individual, Alemania entrega a los que viven aún en otros Estados del mundo que no son Israel, y a los derechohabientes de los que han fallecido desde entonces, substanciosas reparaciones en calidad de víctimas del nazismo, lo cual significa que, para la inmensa mayoría, Alemania paga dos veces».

(P. Rassinier: Ob. cit., p. 17).

BIBLIOGRAFÍA E ÍNDICES

BIBLIOGRAFÍA DE LAS OBRAS CITADAS EN EL PRESENTE VOLUMEN

BATAULT, Georges. - *Le Probleme Juif* (El Problema Judío), Plon, Nourrit et Cie., París, 1921.

BATAULT, Georges. - *Israel contre les Nations* (Israel contra las naciones), G. Beauchesne et ses Fils, París, 1939.

BENAMOZEGH, Elie. - *Israel et l'Humanité* (Israel y la Humanidad), Ed. Albin Michel, París, 1961 (Edición original 1914).

BLISS Lane, Arthur. *J'ai vu la Pologne trahie* (Yo he visto la Polonia traicionada), Ed. Sfelt, 1949.

BONSIRVEN, S. J. - *Le judaïsme palestinien a l'epoque du Christ* (El judaísmo palestino en la época de Jesucristo), Ed. Beauchesne, París, 1934.

COHEN, Cadmi. - *Nomades* (Nómadas), F. Alean, París, 1928.

DHORME, E. - *Revue de l'Histoire des Religions* (Revista de la Historia de las Religiones).

DIMONT, Max l. - *Les Juifs, Dieu et l'Histoire* (Los Judíos, Dios y la Historia), Robert Laffont, París, 1964 (traducida del original americano).

DISRAELI. - Coningsby.

DOENITZ (Almirante). -*Dix ans et vingt jours* (Diez años y veinte días). Traducido del alemán.

FAURE, Elie. - *L'ame juive* (El alma judía, artículo aparecido en el libro *La Cuestión Judía vista por veintiséis eminentes personalidades,* E. I.F., 186, Fg. St. Martín, París, 1934.

FEJTO, François. -*Dieu et son Peuple* (Dios y su Pueblo), B. Grasset, París, 1960.

FEJTO, François. -*Les Juifs et l'Antisemitisme dans les Pays Communistes* (Los Judíos y el Antisemitismo en los Países Comunistas), Pion, París, 1960.

FLEG., Edmond. - *Israel et Moi* (Israel y Yo), N. R. F., Gallimard, 1936.

ISAAC, Jules. -*Jesus et Israel* (Jesús e Israel), Albin Michél, París, 1959. (Edición .original 1948).

ISAAC, Jules. -*Genese de l'Antisemitisme* (Génesis del Antisemitismo), Calmann·Levy, París, 1956.

JBHOUDA, Josué. - *L'Antisemitisme, Miroir du Monde* (El Antisemitismo, Espejo del Mundo), Ed. Synthesis, Ginebra, 1958.

LAZARE, Bernard. - *L'Antisemitisme* (El Antisemitismo), Ed. Jean Cres, París, 1934, (Edición original 1894).

LEWISOHN, L -Israel. Benn, Londres 1926.

LOVSKY, F. - *Antisemitisme et Mistere d'Israel* (Antisemitismo y Misterio de Israel), Ed. Albin Michel, París, 1955.

MADAULE, Jacques. - *Les Juifs et le Monde actuel* (Los Judíos y el Mundo actual), Flammarion, París, 1963.

MASSOUTIÉ, Louis. - *Judaisme et Hitlérisme* (Judaísmo e Hitlerismo), Ed.de la N.R.C., París, 1935.

MEMMI, A. - *Portrait d'un Juif* (Retrato de un Judío), Gallimard, París, 1962.

NEUMANN, (a) Neuberg. - *L'Insurrection armée* (La insurrección armada).

NOSSIG, Alfred. - *Integrales ludentum*, Rennaissance Verlag, Berlín, 1922.

PASMANIK, Daniel. -*Qu'est-ce que le Judaisme?* (¿Qué es el Judaísmo?), Librairie Lipschutz, París, 1930.

PÉGUY, Charles. - *Notre Jeunesse* (Nuestra Juventud), En Obras en Prosa, 1909·1914.

PONCINS, Léon de. - Le Plan Communiste d'Insurrection Armée (El Plan Comunista de Insurrección Armada), Ed. Les Libertés Franaises, París, 1939.

RABI. - *Anatomie du Judaisme Français* (Anatomía del Judaísmo Francés), Les Editions de Minuit, París 1962.

RASSINIER, Paul - *Le véritable Procès Eichmann ou les Vainqueurs incorrigibles* (La Verdad sobre el Proceso Eichmann).

Les Sept Couleurs, París, 1962. - Versión española : Ediciones Acervo, Barcelona, 1962.

RASSINIER, Paul. - *Le Drame des Juifs Européens* (El Drama de los Judíos Europeos), Les Sept Couleurs, París, 1964).

NAN, Ernest. - *L'Antichrist* (El Anticristo), París, 1873.

ROSENBERG.- *Historie du Bolchévisme* (Historia del Bolchevismo), B. Grasset, París, 1936.

ROUDINESCO, A. - *Le Malheur d'Israel* (La Desdicha de Israel), Ed. de Cluny, París, 1956.

SAROLEA, Charles. - *Impressions of Soviet Russia* (Impresiones de la Rusia Soviética), Nash and Grayon, Londres, 1924.

SARTRE, Jean-Paul. - *Reflexions sur la Question Juive* (Rleflexiones sobre la Cuestión Judía), Gallimard, 1954.

SOMBART, Werner. - *Les Juifs et la Vie économique* (Los Judíos y la Vida económica), Payot, París, 1923.

SPIRE, André. *Quelques Juifs et demi-juifs* (Algunos judíos y semi.judíos), Grasset, París, 1928.

THORWALD, Jurgen: - *Wlassow contre Staline* (Wlassow contra Stalirt), André Bonne, 1953.

TROTSKY, Leon. -*Défense du Terrorisme* (Defensa del Terrorismo), Ed. de la N.R.C., París, reeditado en 1936.

VALLAT, Xavier. -Artículo en *Aspects de la France* del 21 de enero de 1965.

WHEELER BENNET, John W. -*Le Drame de l'Armée allemande* (El Drama del Ejército alemán), Gallimard, 1955.

WICKHAM-STEED, Henry. - *La Monarchie des Habsbourg* (La Monarquía de los Habsburgo), Librairie Arman Colín, París, 1914.

www.ingramcontent.com/pod-product-compliance
Lightning Source LLC
Chambersburg PA
CBHW050132170426
43197CB00011B/1811